Marti · Der Heilige Geist ist keine Zimmerlinde

Kurt Marti

Der Heilige Geist ist keine Zimmerlinde

Achtzig ausgewählte Texte

**Mit einem Vorwort
von Eberhard Jüngel**

RADIUS

Kurt Marti, 1921 in Bern geboren, studierte Jura und Theologie in Bern und Basel. Im Dienst des Ökumenischen Rates ein Jahr in Paris. Pfarrer in Leimiswil, Niederlenz, und bis 1983 an der Nydeggkirche in Bern. Preise und Auszeichnungen: u. a. Lyrik-Preis Radio Basel (1957), Johann-Peter-Hebel-Preis des Landes Baden-Württemberg, Großer Literaturpreis des Kantons Bern (beide 1972), Ehrendoktorwürde der Universität Bern (1977), Buchpreis der Stadt Bern (1990), Kurt-Tucholsky-Preis (1997).

ISBN 3-87173-206-0
© 2000 by RADIUS-Verlag GmbH Stuttgart
Textauswahl: Martin Scharpe
Umschlag: groothuis & consorten, Hamburg
Autorenporträt Kurt Marti: Felix von Muralt/Lookat
Gesamtherstellung: Clausen & Bosse, Leck
Printed in Germany

Eberhard Jüngel:
Unsere Augen werden groß und beginnen zu staunen
Dank an Kurt Marti 11

I

Feste – Zeichen der Freiheit, der Versöhnung 19

II

Mein Leben ist kein Kunstwerk 23
Ungrund 29
Was die Bäume lehren 30
Moses steigt vom Sockel 31
2-fel 36
Ermattung, Konformismussog 37

III

Konfession als Ausgangspunkt 41
Die Religionen, der Schalom 44
das licht 48
schriftgelehrte 49
ich habe gelernt 50
streiklied 51

IV

Leihgabe 55
geburt 58
Mein Atem geht 59
Erwählter Planet 60
Psalm 65 62
die hoffnung 67

V

Glaube und Eros 71
ganz werden 81
Zweites Lied für die Erde 82

Wütendes Liebeslied *83*
schön – was ist schön? *84*
Was ich brauche *85*

VI

Das Geheimnis des göttlichen Lachens *89*
Psalm 2 *97*
Vorhaltungen *101*
Abdullahs Traum *102*
Morgengebet vor dem Badezimmerspiegel *103*
So zart ist die Gottheit *104*

VII

Zorn *107*
Die Enteignung *111*
schatten *114*
Gerechtigkeit *115*
die redlichen *119*
das reich der himmel *120*

VIII

Wer ist Jesus Christus für Sie? *123*
weihnacht *125*
katechismusfragen *126*
am holz *127*
der arbeiter *128*
Brot und Wein *129*

IX

Pfingsten *133*
Hoffnung *138*
Heiliger Geist *139*
sich öffnen *141*
Wort, Geist *142*
Wünsche *144*

X
Der Name   *147*
anrufungen   *153*
lobpreis   *154*
Jesses!   *155*
psälmlein   *156*
Der Name   *157*

XI
Gedanken zur Weiblichkeit Gottes   *161*
Nie hab' ich Dich gesucht   *167*
Die gesellige Gottheit am Werk   *168*
bitte   *170*
die frauen am ostermorgen   *171*
Immer bist Du es   *172*

XII
Seestern im Ozean   *175*
PARABURI   *178*
Geschichte, Ostern   *179*
Der Höchste und Bescheidenste   *182*
gegenwendig   *184*
Herausforderung   *185*

XIII
Vertrauen – doch auf welchen Gott?   *189*
Fragen   *194*
ora et labora   *195*
Angst   *196*
Psalm 75   *198*
gleichnis in der progression   *201*

XIV
Götze Ewigkeit oder Ewigkeit Gottes?   *205*
ozean   *209*

was wird kommen? *210*
Musik, Stille *212*
dahingehen *215*
Frage *216*

    XV
Zwischen Tod und Geburt *219*

Quellen *225*

*Der Heilige Geist ist keine Zimmerlinde,
vielmehr vergleicht die Schrift ihn mit dem Winde.
(Kurt Marti, 2000)*

Eberhard Jüngel

Unsere Augen werden groß und beginnen zu staunen

Dank an Kurt Marti

Im Dank wird die Freiheit zwingend. Kurt Marti hat sich und damit uns viele Freiheiten erlaubt. Zu seinem 80. Geburtstag ist ein öffentlicher Dank an der Zeit. Er kommt aus dem Tübinger Stift, in dem die bedeutendsten Dichter Denkende waren und die Denkenden Sehende. Der Tübinger Dank gilt einem in unverwechselbarer Weise Sehenden, einem der wenigen Sehenden unter der nicht gerade großen Schar derer, die etwas zu sagen haben. Kurt Marti sieht mit besonderen Augen. Und was er sieht, sagt er in einer eigentümlichen Mischung von Phantasie und Genauigkeit.

Auf den Gedanken, daß der Heilige Geist keine Zimmerlinde ist, muß man ja erst einmal kommen. Das gibt die phantasielose Wahrnehmung der einen oder anderen Pflanze wahrhaftig nicht her. Selbst das Studium eines botanischen Gartens reicht dafür nicht aus. Eher schon die Entdeckung, daß man sich auf den biblischen Vergleich des Geistes mit dem Winde via negationis einen Vers machen kann. Hat man den Reim aber erst einmal entdeckt, dann drängt sich die apodiktische Negation allerdings fast von selber auf.

Oder doch nicht? Ein als Zimmerlinde festgestellter Geist – wäre das nicht zumindest einigermaßen beruhigend? Und »ästhetisch« dazu: anschaubar, beschaulich, beschaulicher Mittelpunkt einer Welt-Anschauung? Und also das ideale Symbol des Geistes einer Zivilreligion?

Durch die Texte Kurt Martis weht ein anderer Geist: bewegend, nicht jede Ruhe, wohl aber die statt Gewißheit satte Sicherheit versprechende Ruhe irritierend, weiterführend. Doch nicht etwa entführend, weg vom gegebenen Ort in hintere Welten. Nein, dieser Geist führt immer tiefer noch in das hier und jetzt zu lebende weltliche Leben hinein. Darin gleicht der Geist dieser Texte, ohne sich mit ihm zu verwechseln, dem heiligen Geist. Ästhetisch ist freilich auch er, aber so, daß er unsere Wahrnehmungen neu sortiert und zum Entdecken verlockt. Wer Texte von Kurt Marti liest, dessen Augen gewinnen zumindest für einige Augenblicke die Fähigkeit, bisher Unbekanntes zu sehen und allzu Bekanntes ganz anders zu sehen. »Ich sehe was, was Du nicht siehst«, aber doch sehen könntest, wenn Du Augen hättest zu sehen... Auf unterschiedliche Art spielen alle seine Texte in dieser Welt mit uns.

Doch das gilt irgendwie für jeden Poeten. Schon Aristoteles, unter den ältesten Metaphysikern vielleicht der am stärksten gleichermaßen von Weltleidenschaft und Denkleidenschaft Bewegte, hatte die Eigenart des Dichters gegenüber der des Historikers (der damals noch Natur und Geschichte zum Gegenstand hatte) dahin bestimmt, daß letzterer »zu berichten habe, was (geschehen) ist«, während der Dichter »zu sagen hat, was geschehen (sein) könnte und was möglich (gewesen) wäre gemäß der Wahrscheinlichkeit oder der Notwendigkeit« (Poetik 9, 1451 a 36-1451 b 5). Was den Dichter Kurt Marti von anderen Poeten unterscheidet, kommt erst in den Blick, wenn man nicht nur der modallogischen Differenz von Wirklichkeit und Möglichkeit folgt, sondern innerhalb der Dimension des Möglichen noch einmal unterscheidet: nämlich zwischen dem, was immer schon möglich (gewesen) ist, auch in Zukunft ohne weiteres möglich sein wird, und dem, was allererst möglich gemacht werden muß und von unserem Geist als Möglichkeit überhaupt nur wahrgenommen werden kann, wenn ein anderer Geist *ermöglichend* am Werke war. Und dieser Geist ist keine Zimmerlinde. Bietet er doch das Mögliche gegen das auf, was eigentlich unmöglich sein sollte und sich Wirklichkeit nur annektiert, nur durch Raub erobert hat. Da wird das Mögliche zum Opponenten des Wirklichen, da wird – Adorno hin, Adorno her – ein wahres Leben im falschen möglich. In Martis Texten eröffnen sich Möglichkeiten von weither, die aber, wenn sie sich einstellen, überraschend naheliegend sind – naheliegender als das bisher Nächste:

> Und jetzt
> Seine Auferstehung.
> Und jetzt
> das Teilen.
> Etwas wird
> Möglich, etwas
> wie Heimat für alle.

Etwas wird möglich – das sagt uns keine Zimmerlinde.

Muß man eigens darauf hinweisen, daß diese Differenz innerhalb der *Möglichkeiten* zur Sprache bringenden poetischen Rede in der theologischen Identität dieses Dichters ihren Grund hat? Seine Texte sind denn ja auch keineswegs nur poetisch. Theologische Prosa wohnt dicht dabei. Eine beziehungsreiche Nachbarschaft! In der argumentativen Sprache theologischer Reflexion macht sich zumeist schon ein Tonus bemerkbar, der auf die andere literarische Gattung verweist. Und wenn die poetische Form gefunden wurde, dann bleibt nicht selten die Erinnerung wach an einen argumentierenden Geist. »Glaubens- und Denkmöglichkeiten« werden von Marti als solche benannt. Und für intellektuelle Paränesen ist er sich keineswegs zu fein: »Dem wäre mit Ernst nachzudenken...« Doch man beachte auch hier die Möglichkeitsform! Befehle werden nicht erteilt. Aus einem Befehl könnte niemals ein Gedicht hervorgehen. Und auch kein wahrer theologischer Gedanke.

Man kann viele Texte aus der Feder Kurt Martis auch als Manifestationen einer – sit venia verbo – poetischen Dogmatik oder, um es in seiner eigenen Sprache zu sagen, einer Theopoetik lesen. Man kann diesen Autor sogar einen *poeta doctus* nennen, jedenfalls dann, wenn als *gelehrt* derjenige zu gelten hat, der in der Schrift *und* in der Welt zu lesen versteht. Nicht nur »hohe Jugend versteht, wer in die Welt geblickt«. Auch die Tiefen der Gottheit versteht oder beginnt zu verstehen, wer sich mit einem von der Bibel geschärften Blick in die Welt versenkt. Entspricht er doch in solchen Augenblicken der von Kurt Marti immer wieder apostrophierten »Weltleidenschaft Gottes«, die die Erde sogar als einen »sexuellen Planeten« liebend bejaht. »Trinkt, o Augen, was die Wimper hält, von dem goldnen Überfluß der Welt« – Kurt Marti muß sich das nicht erst sagen lassen. Er sieht.

Doch er sieht nicht nur den »goldnen Überfluß«, sondern ebenso den himmelschreienden Mangel, den die Welt als Schöpfung zutiefst problematisierendes »Fehl«, der als »Fehl Gottes« zugleich sehr irdische Mängel mit sich bringt. Immer wieder zeigen seine Texte an, was fehlt und wer. Und sind dennoch alles andere als Demonstrationen von political correctness. Was einem bei vielen theologischen Zeitgenossen nur noch auf die Nerven geht – hier spricht's. Selbst zu bloßen Phrasen verkommene politische Klagen gewinnen in Martis theopoetischem Kontext eine seltsam berührende Keuschheit und wohl eben dadurch ihre ursprüngliche kritische Schärfe zurück – so sehr, daß sich auch leidenschaftlicher Widerspruch wieder lohnt.

Gelingende Texte sind Spuren in der planen Landschaft der Zeit. Man geht ihnen nach, nicht so sehr, weil sie zu einem Ziel führen – das könnte auch sein –, sondern weil man auf den Spuren anderer neue Gegenden und in diesen dann auch sich selber neu kennen lernt. Martis Spuren führen nach vorn, dem Kommenden entgegen, den die Bibel den Herrn nennt und dessen Herrschaft doch alles andere als gewalttätig ist. Die Rede von ihm verträgt sich bei Marti mit der Kunde von einem »zitternden Gott«. Solche Spuren nach vorn schieben das Alte nicht gewaltsam beiseite, sondern wägen das Vergangene, um das, was Verheißung in sich hat, mitzunehmen in das kommende Reich. Wer sich auf solche Spuren einläßt und in der Spur bleibt, merkt dann ganz von selbst, daß sie sich irgendwo verliert, so daß man sich wieder seinen eigenen Weg bahnen muß. Kurt Marti weiß oder ahnt zumindest, daß auch für seine prosaischen und poetischen Texte gilt, was er am Ende einer Reihe von Antworten auf die Frage, was kommen wird, mit dem Anspruch auf konkreteste Allgemeinheit so formuliert hat:

kommen wird schnee
der alle spuren tilgt.

Diese seinen Texten immanente präzise Ahnung unentrinnbarer Vergänglichkeit gibt ihnen eine der Gegenwart zugute kommende Intensität. Kommt »das ganz andere«, dann »ohne spektakel wie unter der hand«. Es verdirbt die Gegenwart nicht, sondern braucht sie als Gleichnis. Und schickt Dichter voraus, Theopoeten, die uns unser Dasein als eine uns gewährte einmalige Gelegenheit vor Augen stellen. Dann werden unsere oft allzu flinken Augen groß und beginnen zu staunen. Und die Gegenwart erfährt sich selbst.

Für solche Erfahrungen danken wir dem Dichter und Denker, der in vielen Sprachspielen zuhause, doch in keinem gefangen ist. Wir danken Kurt Marti. Und dem Anderen auch.

I

Feste – Zeichen der Freiheit, der Versöhnung

In Festen leuchtet die Freiheit auf. Der Mensch, der immer nur arbeiten müßte, wäre ein Sklave. Insofern gibt's zu wenig Feste, vor allem zu wenig spontane Feste.

In Festen leuchtet Frieden und Versöhnung auf. Feste sind möglich, wo man in Freundschaft zusammen ißt, trinkt, tanzt, spielt. Nachher kommt wieder der Werktag, der Kampf um den Lebensunterhalt, um den Arbeitsplatz, um Wohnung und um eine minimale Sicherheit mitten in einer Welt der Unsicherheit, des Unfriedens, der Gewalt.

Ohne Feste wäre diese Welt, wäre unser Leben kaum auszuhalten. Feste öffnen Menschen füreinander, sie öffnen Fenster der Hoffnung in eine bessere Zukunft. Ein Fest braucht nichts Großartiges zu sein, es bedarf keiner umständlichen Organisation. Es genügt, daß zwei oder mehr Menschen beisammensitzen, miteinander reden, trinken, scherzen.

Von einem solchen Fest hat der kretische Dichter Kazantzakis erzählt. Zwei Männer sitzen beieinander. Sie entstammen zwei verschiedenen Völkern, der eine ist Moslem, der andere Christ. Die beiden hocken in der Kneipe und schwatzen miteinander, trinken ein Gläschen Raki, und plötzlich sagt der eine, der Aga von Likovrisi, ein Türke, zu seinem griechischen Freund, dem Kapitän Fourtounas: »Wenn unser Mohammed und euer Christus beisammen säßen wie du und ich, würden sie richtige, gute Freunde werden und sich nicht gegenseitig die Augen auskratzen... Aber sie haben sich nicht hingesetzt und getrunken, sondern statt dessen die ganze Welt in Blut getaucht...«

Im freundschaftlichen Beisammensein leuchtet plötzlich die Vision festlicher Versöhnung zwischen verfeindeten Völkern und Religionen auf. Warum sollte sie nicht möglich werden?

Dies ist der tiefere Sinn von Festen: die Hoffnung zu festigen, zu stärken auf eine menschlichere Welt. Herzliche Festlichkeit ist bereits eine Vorwegnahme solch besserer Zukunft.

II

II

Mein Leben ist kein Kunstwerk
Erdachtes Interview

F = Frage   A = Antwort
F: Herr M., was haben Sie für einen Lebensstil?
A: Bisher habe ich mein Leben nie unter dem Gesichtspunkt eines Stiles betrachtet. Stil hat mit Kunst zu tun, mein Leben aber ist kein Kunstwerk. Lebensstil? Dem Wort begegne ich im Klatschteil der Boulevard- und Regenbogenpresse, wo vom Lebensstil der Reichen und Superreichen berichtet wird. Wohl deshalb glaubte ich, Lebensstil sei etwas, was man sich muß leisten können – von wem bloß stammt der Satz »Geld ist geprägte Freiheit«? Gunter Sachs, die Herren Sacher, Bührle können sich einen »Lebensstil« leisten, unsereiner muß so leben, wie Abhängigkeiten und Finanzen es erfordern oder erlauben.
F: Ich glaube, Herr M., Sie weichen aus. Sind Sie ein sozialer Determinist?
A: Ich gebe mir Mühe, keiner zu sein, möchte aber auch nicht tatsachenblind bleiben. Ich selber bin zum Beispiel geprägt durch bürgerliche Herkunft und bürgerliche Existenz. Das gehört zu meiner Haut, aus der ich nicht heraus kann, in meinem Alter schon gar nicht.
F: Gehören Sie zu jener Gruppe von Intellektuellen, die wegen ihrer Bürgerlichkeit Komplexe kriegen, Minderwertigkeitsgefühle sogar?
A: Eigentlich nicht. Eher neige ich zur Ansicht, daß in unseren mitteleuropäischen Breiten gerade das gern geschmähte Kleinbürgertum die schöpferische Bevölkerungsschicht ist. Auch Ihre Frage nach dem Lebensstil, die also nicht die Lebensweise der Schickeria meint, dürfte, näher überlegt, eine bürgerliche Frage sein. Sie setzt, innerhalb bestimmter Grenzen, einen gewissen Spielraum zur freien Lebensgestaltung voraus. Wer seine Kräfte allein für die Deckung des täglichen Lebens- und Überlebensbedarfs brauchen und verbrauchen muß, dessen Problem ist gewiß

nicht ein alter oder ein neuer Lebensstil, sondern das Leben, Überleben von Tag zu Tag.

F: Gehe ich recht in der Annahme, daß Sie die Diskussion über einen neuen Lebensstil für eine bürgerliche Luxusfrage halten?

A: Eine bürgerliche Frage, ja – doch keine Luxusfrage. Die Kreativität des Kleinbürgertums gründet ja eben in der Möglichkeit, Fragen zu stellen, die in anderen, weniger begünstigten Schichten und Ländern so nicht gestellt und bedacht werden können. Darum sehe ich mit Sorge, daß das Kleinbürgertum, in das bei uns auch Teile der Arbeiterschaft hineingewachsen sind, unter immer stärkeren Druck gerät, wirtschaftlich, steuerlich beispielsweise. Die Großbourgeoisie wird geschont, das Kleinbürgertum muß die Zeche bezahlen. Was mich am Kleinbürgertum irre macht, ist seine Bereitschaft, sich für die Interessen der Großbourgeoisie aufzuopfern...

F: ...ich bitte Sie, das soll kein politisches, sondern ein persönliches Interview zur Frage Ihres Lebensstils sein!

A: Mir ist das Wort »Lebensstil« eben nicht geheuer – und ich versuche, auf Umwegen, herauszufinden, weshalb.

F: Ich sagte schon, Sie weichen in Theorie aus, in Politik und so weiter. Mich aber interessiert Ihre Praxis, zum Beispiel die Frage, inwiefern sich Ihr Lebensstil oder, wenn Ihnen das nicht paßt, Ihre Lebensweise als Christ sich von der Lebensweise anderer Menschen unterscheidet, die keine Christen sind.

A: Sie bringen mich in Verlegenheit. Ich bin ja sozusagen Berufschrist. Warum bin ich Pfarrer geworden? Erstens, weil ich die Möglichkeit der freien Berufswahl und die Möglichkeit zum Studieren hatte. Ich habe also von den Privilegien meiner sozialen Schicht Gebrauch machen können. Ich habe das Studium der Theologie und den Beruf des Pfarrers gewählt, weil mich die hier wartenden Fragen und Perspektiven fasziniert haben und immer noch faszinieren. Anders gesagt: ich hatte und habe das Gefühl, daß es in diesem Bereich theoretisch und praktisch (d. h. im Umgang mit den Menschen) um die entscheidenden Sinn- und Zukunftsfragen gehen könnte.

F: Ich fragte nicht nach Motivationen, sondern nach Ihrem Lebensstil.

A: Gegenüber dem Milieu, in dem ich aufgewachsen bin und das durchaus christliche Haltung zu leben versuchte, war zum Beispiel die Praxis von Tischgebet und Abendgebet, erst ohne, dann mit den Kindern, eine sichtbare Innovation. Anerzogene Hemmungen mußten dazu überwunden werden. Zur kleinbürgerlichen Art gehört vielleicht, daß man seine Gefühle nicht allzu spontan äußert, das gilt auch von religiösen Gefühlen.

F: Gut, das wäre konkret! Das Gebet als Element des christlichen Lebensstils...

A: ...aber nun muß ich gestehen, daß wir diese Tisch- und Abendgebete nach etwa zwei Jahrzehnten wieder abgeschafft haben. Was vorerst Innovation gewesen war, wurde mehr und mehr Ritual, und wie das so geht, man merkt zwar selber, daß etwas nicht mehr »lebt«, aber es braucht einen Anstoß, um die Konsequenzen zu ziehen, und in diesem Fall ist er von den heranwachsenden Kindern gekommen, und das war auch gut so.

F: Ich muß weiter fragen nach Ihrem Lebensstil als Christ!

A: Sie sind ein Quälgeist. Ich frage mich allen Ernstes, ob es mir überhaupt zusteht, eine Antwort zu versuchen. Müßten hierüber nicht andere, mit denen ich zusammenlebe, zusammenarbeite, urteilen? Mir widerstrebt es, zu sagen: das und das an meiner Lebensführung ist christlich. Ich weiß noch, wie ich als junger Pfarrer nicht schlecht staunte, als ich ältere Kollegen die Meinung vertreten hörte, ein gläubiger Christ verzichte zum Beispiel darauf, sich zu versichern, er verzichte auf Geburtenkontrolle. Auf was da nicht alles verzichtet werden sollte und was da nicht alles als christlich unterstrichen worden ist! Ich habe mich zum Glück um diese angeblichen Stilmerkmale eines christlichen Lebens foutiert und bin insofern einigermaßen unbeschädigt davongekommen.

F: Gehört Monogamie bzw. Monoandrie zum christlichen Lebensstil?

A: Vielleicht, aber nicht als moralische Leistung. Das hat, glaube ich, mit Gnade und Sakrament zu tun. Ich bin sozusagen »hoffnungslos monogam« (wie Heinrich Böll einmal von sich sagte), aber ich könnte mir das nie als Verdienst christlicher Lebensführung zurechnen, das ist Verdienst meiner Frau, ist Glück, Gnade, was weiß ich. Ich kann niemanden verurteilen, der sich in diesem Punkte anders verhält.

F: Sind Sie an Versuchen beteiligt, christliche Basisgruppen, Kommunitäten, Arbeitsgruppen, Lebensgemeinschaften, zu bilden?

A: Ich war nur zeitweise und im Blick auf bestimmte Ziele (Anti-Atomwaffen-Bewegung, Anti-Vietnam-Kampagne, Entwicklungshilfe) in Arbeitsgruppen tätig. Diese Aktivitäten, in die ich mich eingelassen habe, weil ich mich davon von meinem Glaubensverständnis her gezwungen fühlte, haben mich selbst und auch meine Theologie politisiert, haben Erkenntnisprozesse eingeleitet, die mich aus der Ideologie, in der ich aufgewachsen bin, herausgeführt haben, die aber auch zu Veränderungen meines kirchlichen Standpunktes geführt haben. Fast glaube ich, daß Wandlungsfähigkeit, Offenheit, ständige Korrektur eigener Urteile und Positionen Merkmale heutiger Christen sein müßten.

F: Der Christ als Proteus? Mir kommt das verdächtig vor...

A: ...aber die Wandlungen sind nicht beliebig, sie haben eine gewisse Folgerichtigkeit, die ich dem Evangelium glaube zuschreiben zu dürfen. Die konkrete Begegnung mit anderen Menschen holt mich von eingenommenen Standpunkten immer von neuem weg, zwingt mich zum Beispiel, andere Weltanschauungen und Religionen heute viel ernster zu nehmen, als ich das früher getan habe, zwingt mich auch, andere Verhaltensweisen und Lebensformen nicht mehr so selbstsicher zu beurteilen, denn wer weiß, vielleicht kommt Gott gerade in dem, was anders ist, auf uns zu?

F: Weshalb sind Sie dann noch Pfarrer? Ein Pfarrer sollte doch Missionar sein, für seinen Glauben, für seine Kirche werben? Sie aber säen Unsicherheit und Zweifel.

A: Für mich ist Glaube kein Besitztum, das man verwalten und verteidigen kann, die Institution Kirche ebenfalls nicht. Ich empfinde Gott, ich erlebe Jesus als etwas Lebendiges, das dogmatische und institutionelle Verfestigungen immer wieder weit hinter sich läßt, das uns immer neu den Wundern und Schrecken der Welt öffnet und ausliefert, das uns befreit, auch ratlos macht. Immer ist Gott größer, weiter, tiefer, näher, als wir das nachbuchstabieren können. Als Pfarrer kann ich wohl nur versuchen, etwas von dieser überwältigenden Lebendigkeit Gottes, deren Geheimnis Liebe heißt, mitzuteilen.

F: Warum, wenn Gott für Sie vor allem Liebe ist, schließen Sie sich nicht definitiv irgendeiner Kommunität, Lebensgemeinschaft, Basisgruppe an oder versuchen, eine solche zu bilden?

A: So etwas zu bilden wäre ich nicht fähig, ich müßte mich also irgendwo anschließen, ich verfolge, so weit möglich, derartige Unternehmungen mit Interesse, vielleicht sind das die wahren Experimente eines künftigen Christentums. Ich muß jedoch gestehen, daß ich mich in Gruppen nach einer gewissen Zeit immer unwohl, immer frustriert zu fühlen beginne. Der wirksam werdende Gruppendruck entfremdet mich mit mir selber, psychologische, geistige Erstickungssymptome treiben mich wieder fort, ich brauche Weite, Freiheit, andere Leute, andere Redeweisen, Denkweisen, Erlebnisse. Insofern bin ich bürgerlicher Individualist geblieben: ich muß ausbrechen, mich zurückziehen können. Mag sein, daß das damit zusammenhängt, daß meine spezifische Form der Reflexion das Schreiben ist, der Ein-Mann-Betrieb des introvertierten Beobachters.

F: Herr M., ich kann an Ihnen weder Merkmale eines alten noch Merkmale eines neuen christlichen Lebensstils feststellen.

A: Ich auch nicht. Ich versuche ja gar nicht, einen Lebensstil zu haben, ich versuche zu leben, das ist schwer und schön genug.

F: Ich fürchte, Sie sind im Grunde ein isolierter, nirgends richtig integrierter Mensch.

A: Ihre Annahme mag richtig sein. Nach der Art und Weise Ihrer Fragestellungen muß es Sie wahrscheinlich aber paradox anmuten, wenn ich sage, daß ich mich dabei glücklich fühle und meine Lebensform grosso modo für die mir angemessene und sinnvolle halte...

F: ...eine egozentrische, also unchristliche Betrachtungsweise...

A: Gestatten Sie den Vorwurf, daß ich einen solchen Einwand für eine Äußerung jenes moralischen Terrorismus halte, den es immer schon gegeben hat unter Christen und der mir recht gut zu passen scheint zu Ihrer Abneigung, auf politische und soziale Probleme einzugehen, in denen es entscheidender um das Glück aller geht, als christlicher Moralismus wahrhaben will, der leider oft, in Ost und West, ein naiver Komplize ökonomischer und politischer Herrschaft wird.

F: Ich danke Ihnen trotzdem für das Gespräch.

A: Erlauben Sie *mir* noch eine Frage?

F: Bitte schön!

A: Lachen Sie gerne?

F: Was hat das mit unserem Thema zu tun?

A: Na ja, wissen Sie, Ihr Lachen hätte den inquisitorischen Eindruck Ihrer Fragerei vielleicht wieder verwischt.

Ungrund

Warum ich Christ bin,
das, ach, läßt sich erklären.
Nicht aber, warum Du
der Christus bist.

Ungrund Liebe.

Was die Bäume lehren

Wer nicht Wurzeln hat,
wächst in keine Zukunft.
Wer eigenen Wurzeln aber nie entwächst,
entfaltet sich nicht zum Neuen,
zum Baum.

Moses steigt vom Sockel

1

Nach Mitternacht, sobald, meist zwischen ein und zwei Uhr, der Münsterplatz in Bern still daliegt, die Gassen menschenleer und die Häuser voll Schlaf sind, klettert Moses von seiner Brunnensäule herab, stellt beide Gebotstafeln gegen den nächsten Gebäudesockel, holt tief Atem, streckt die Arme aus, macht mit seinen steif gewordenen Fingern luftige Klavierspielübungen, lockert das ebenfalls steife Kreuz mit einigen Rumpfbeugen. Schließlich ist er, wie aus der Bibel bekannt, kein Säulenheiliger. Dennoch hat man ihn dazu verurteilt, reglos über dem Wasserbassin aus Solothurner Kalk zu posieren, im Arm den schweren Dekalog und den rechten Zeigefinger unentwegt auf Gebot römisch zwei gerichtet.

In diesen späten oder schon wieder frühen Stunden durchfahren so wenige Autos die Altstadtgassen, daß Moses auch mitten auf der Fahrbahn spazieren gehen kann. Nur in Freitag- und Samstagnächten, wo der Verkehr lebhafter ist, nach Mitternacht auch gefährlicher wird, weil manche Fahrzeuglenker desto betrunkener sind, je weniger sie sich dafür halten, vertraut er sich dem Schutz der Lauben an. Ebenfalls, versteht sich, bei Regenwetter.

Im Spazieren erholt sich Moses. An die zehn Gebote denkt er dabei kaum noch. Eines Nachts, wie er unversehens auf zwei Diebe stieß, die durch eine geschickt und lautlos durchbohrte Schaufensterscheibe eben eine Juwelierauslage leerräumten, sah er ihnen seelenruhig, sogar mit Interesse zu und bedauerte nicht wenig, daß sie, seiner plötzlich ansichtig geworden, Hals über Kopf Reißaus nahmen.

2

Ohnehin ist Moses nicht bloß von Abgasen, er ist oft auch von Zweifeln angefressen. Sind die Gebote, die er Bürgern und Touristen durch zehn römische Ziffern in Erinnerung rufen soll, nicht längst schon zum historischen Zierat geworden? Oder hatte etwa jemand davon Notiz genommen, daß er anläßlich einer Offiziersbrevetierung im Münster seinen Zeigefinger rasch mal vom zweiten auf das sechste Gebot hatte gleiten lassen? Nein, kein Mensch hatte es bemerkt außer einer kleinen Japanerin, die ihn sofort fotografiert hatte, wahrscheinlich in der Annahme, hier sei ähnlich wie bei den Figuren des Zeitglockens, eine trickreiche Mechanik in Gang gekommen. Doch was konnte die fixe Knipserin, Shintoistin vermutlich, mit der Ziffer VI schon anfangen? Die Blicke aller anderen Leute auf dem Münsterplatz waren jedenfalls auf die rosigen Jungoffiziere gerichtet gewesen. Zudem hatte er seinen Zeigefinger schleunigst wieder auf Gebot II zurückgenommen, da ihm plötzlich eingefallen war, daß auch *er* ja das sechste Gebot übertreten hatte. O Scham, Zerknirschung, Zweifel! Bin eben auch nur ein Gespenst dessen, der ich sein sollte, hatte er kleinlaut in seinen Bart gemurmelt, vielleicht gehörte ich eher ins Gespensterhaus als hier auf diese Brunnensäule.

Weiß Moses also, wo er steht, wo er nachts heimlicherweise umherspaziert? Klar weiß er es: im achthundertjährigen Bern, Bundesstadt der siebenhundertjährigen Eidgenossenschaft. Allerdings machen ihm, der um vieles älter ist, siebenhundert oder achthundert Jahre wenig Eindruck. Ohnehin ist er hier ja ein Fremder, ein orientalischer Jude, aber die Fremdenpolizei behelligt ihn nicht, die Bundesanwaltschaft hat kein Dossier über ihn angelegt. Selbst während der Hitler-Zeit blieb er unbelästigt, schließlich ist er ja lange schon vor Hitler, Fremdenpolizei und Bundesanwaltschaft hier gewesen, hat z. B. 1798 Bern und die alte Eidgenossenschaft schon einmal untergehen sehen und weiß somit, wie labil und vergänglich auch Staaten sind, erst recht, wenn sie sich für stabil und unvergänglich halten.

3
Auch andere Erlebnisse geben Moses zu denken.

Was zum Beispiel hatte er jenem schon älteren Mann zuleide getan, der eines späten Abends sich unter der Brunnensäule aufgepflanzt und mit geballten Fäusten zu ihm emporgeschrien hatte: Warte du nur, dich krieg ich schon noch, verfluchtes Über-Ich! Und dann, ich schwör dir's, dann schlage ich dir deine Scheiß-

Gesetze um beide Ohren und über den Schädel mit ihrem ›Du sollst nicht, du darfst nicht‹ et cetera! Ein Verquäler offenbar, betrunken zudem.

Nicht daß Moses furchtsam geworden wäre. Doch immerhin ist seine Cousine, Frau Justitia in der Gerechtigkeitsgasse – und solange ist das noch gar nicht her – von ihrer Brunnensäule gerissen und dabei in tausend Stücke zersplittert worden. Die Gewalttätigkeit nimmt zu, auch in dieser Stadt. Wie, wenn das jammervolle Ende der Cousine Symbolcharakter hätte? Weil die einfachsten Gebote nicht mehr beachtet werden, stürzt die Gerechtigkeit, kann sie gestürzt werden, zerschellt in lauter Splitter, in – metaphorisch gesprochen – viel zu viele Gesetzlein, in deren wirrem Haufen sich bloß die Mächtigen noch und deren Advokaten zurechtfinden können. Dabei doch entwarfen die zehn Gebote, die er den Leuten und auch den Regierungsmännern der Regierungsgebäude rund um den Münsterplatz unentwegt entgegenhält, ein anderes, ein sozusagen alternatives Recht, das nicht durch die Macht von Mächtigen gesetzt worden ist, sondern Machtlose schützen will.

Auf dem Sockel der Cousine selig steht nunmehr, wie er bei seinen nächtlichen Rundgängen feststellen konnte, eine Imitation. Schade! Doch ohnehin ist die Altstadt auf bestem Wege, zur Imitation ihrer selbst zu verkommen. Wer könnte das besser sehen als er, der so lange schon hier zu Hause oder im Exil ist – je nachdem, wie man's nimmt? Und auch ich, seufzt Moses, komme mir oft schon als Imitation vor.

4

Nein, es ist nicht leicht, Moses zu sein. Um so nötiger die Spazierausflüge nach Mitternacht! Dank ihnen gewinnt er Distanz, kann Irritationen verarbeiten, ein bißchen wenigstens.

Ab und zu begegnet er einer Polizeipatrouille zu Fuß. Immer seltener freilich, denn auch Polizisten ziehen mehr und mehr das schnellere, bequemere Auto vor. Neulich hat ihn einer der Zu-Fuß-Patrouilleure mit ›Grüß Gott, Chef!‹ angeredet. Sollte wohl leutselig oder gar witzig sein. He ja, rechtfertigte sich der Schnösel, grinste auch noch dazu, gewissermaßen bist du ja der Vater aller Gesetze und somit auch oberster Chef oder Ehrenchef von uns Gesetzeswächtern. – So viel jungdumme Frechheit! Haben wir etwa zusammen Schafe gehütet, oder seit wann sind wir per du miteinander? hatte er den Grünschnabel in den Senkel gestellt. Fehlte gerade noch, daß diese ungehobelten Typen, die auf dem Posten auch schon Ausländer zusammenboxten, sich mit ihm, der ebenfalls Ausländer ist, wenn auch kein Kurde oder Türke, anzubiedern versuchen! Hatten wohl noch nie davon gehört, daß er einst mit eigener Faust einen Kerl erschlagen hatte! War allerdings kein Elender und Wehrloser gewesen, im Gegenteil, ein beamteter Leuteschinder, ein Leutezusammenboxer des mächtigen Pharao war's.

Nur eben: Wenn man immerzu mit den Gebotstafeln im Arm posieren muß, kommt's schließlich zu grotesken Mißverständnissen, wird man für einen Oberpolizisten oder Oberrichter gehalten. Hat er vor lauter Langeweile und Gliederstarre nicht in der Tat begonnen, so ingrimmig dreinzuschauen wie ein leibhaftiges Über-Ich?

Oft wandelt Moses die Lust an, abzuhauen, wegzulaufen, die am Gebäudesockel deponierten Gebotstafeln dort stehen zu lassen – das Historische Museum würde sich bestimmt um sie kümmern.

Mit wachsendem Interesse hat er hingegen ein Plakat im nahen Frauenbuchladen studiert. Darauf waren die zehn Gebote keck umformuliert in zehn Erlaubnisse. Moses staunte, Moses schnalzte mit der Zunge, ungläubig erst, dann auf merkwürdige Weise erheitert. Sieh mal an, und das ganz in meiner Nähe, zu meinen Füßen sozusagen! Meine Gebote sind allerdings prägnanter formuliert. Aber immerhin, wer weiß, man muß sich, wenn man das liest, wenigstens Gedanken machen... Erschrocken hielt er in seinem Monolog inne, weil er soeben ja zugegeben hatte, daß sich möglicherweise niemand mehr viel Gedanken über die alten zehn Gebote macht.

5

Fortzu widerwilliger, doch nach wie vor pflichtbewußt erkletterte Moses lange vor Morgengrauen wiederum seine Brunnensäule. Wer in dieser selbstgefälligen Stadt ahnt denn schon, wofür sein Herz, das alte, noch immer schlägt? Die Straßenreiniger, die Marktleute vielleicht oder die Beamten und Beamtinnen, die in ihre Büros hasten jeden Morgen? Oder etwa die Kirchgänger, die samstags oder sonntags an ihm vorübergehen? Mögen ja brave Leute sein, nur sehen sie fast ebenso grau aus wie ihr Münster, dieser mächtige düstere Bau. Ob hier je einmal wieder so etwas wie göttliche Freiheits- und Lebenslust wird aufblühen können? Immerhin imposant diese Gotik, auch wenn sie seit langem eingeschalt und in Reparatur ist!

Moses, mit den beiden Gebotstafeln wieder oben auf der Säule angekommen und sich wie jeden Morgen in die alte Positur stellend, seufzt voller Sehnsucht und denkt ein paar Augenblicke zurück ans bescheidene luftige Gotteszelt in der Wüste, durch dessen Planenspalten der Sinaiwind feinkörnigen Sand ins Innere trieb und bis hinein ins Dunkel des Allerheiligsten trug.

2-fel

aus mir
dem einen
machen zweifel
2

gäbs dreifel
würdens
gar noch
3

doch ohne
2- und 3-fel
wärs erst recht
vom teufel

Ermattung, Konformismussog

Schon sage auch ich:
was soll's?
Schon pass' ich weniger auf,
was geschieht, wo Einspruch nötig wäre.
Schon pass' ich mich an
und denke: Warum immer ich?
Sollen doch andere mal!
Auch habe ich's satt, nur immer
bei den Verlierern zu sein.
Mein Herz sucht Ruhe,
noch ehe es ruht in Dir.

Wenn das so weiter geht,
find' ich wohl bald
meinen faulen Frieden.
Möchte ich's anders?
Kann aber nicht anders,
denn langsam schwinden die Kräfte.
Daß nochmals neue wachsen,
ist wenig wahrscheinlich
in meinem Alter,
es wäre denn...

Es sei denn,
sie kämen von Dir.

III

III

Konfession als Ausgangspunkt

1. »Evangelisch« bedeutet für mich persönlich keine historische oder dogmatische Kategorie, sondern die Orientierung am Evangelium. Als »Evangelium« gilt mir in erster Linie die Botschaft Jesu, sein Leben und kurzes Wirken im positiven Widerspruch (und das »gehorsam bis zum Tode am Galgen«) gegen Normen und Mächte, die die Verwirklichung der Liebe Gottes im Zusammenleben der Menschen verhindern.

2. Auch »reformiert« bedeutet für mich persönlich keine historische oder dogmatische Kategorie, eher eine Art Prinzip im Sinne des »semper reformanda«, der ständigen Wandlung. Nur was sich wandeln und verändern kann, ist lebendig. Das gilt für das Leben des einzelnen so gut wie für die Gesellschaft und die Kirchen. So beinhaltet »reformiert« für mich die Verpflichtung zur persönlichen und gesellschaftlichen »Metanoia«, zu der Jesus aufruft und die am besten wohl mit »Umkehr« (zu Gott, zum Mitmenschen, zur Liebe) oder mit »Wandlung« zu übersetzen ist. »Reformiert« bezeichnet so keinen Standpunkt, auf dem man stehenbleibt, sondern den Willen, weiterzugehen, vorwärtszugehen, unterwegs und in Hoffnung kritisch zu bleiben, weil nichts definitiv, die Herrschaft Gottes zwar im Kommen, aber noch nicht gekommen ist (auch die Kirche ist, zum Glück, noch keineswegs die Herrschaft Gottes!).

3. Historische Standorte, dogmatisches Erbe usw. binden mich nicht, ist es doch Zufall, nicht eigene Entscheidung, daß ich in eine bestimmte historische Konfession hineingeboren worden bin. Diesen Zufall kann ich nicht verabsolutieren, auch wenn ich heute, erneut vor die Wahl gestellt, wieder für die evangelisch-reformierte Kirche optieren würde. (Würde ich's auch, wenn ich katholisch, orthodox usw. herangewachsen wäre? Niemand vermag das von sich zu sagen.) Die Reformatoren sind für mich keine verbindlichen Autoritäten, aber anregende Mitchristen der Vergangenheit, deren historische Bedingtheiten erkennbar geworden sind, deren Urteile deshalb in vielem revidiert werden müssen,

deren Gegner (Münzer, die Bauern, die Täufer, die Humanisten beider Konfessionen) mir ebenso wertvolle Gesprächspartner sind. Daß zum Beispiel historische Abendmahlsdifferenzen in der Praxis heute noch ernstgenommen und ernsthaft ausgehandelt werden, halte ich für gespenstische Scholastik. Was für ein Gottes- und Christusbild steht eigentlich hinter ihr? Ein für mich unglaubwürdiges jedenfalls, das Bild eines himmlischen Feudalherrn, der mit pedantischer Eifersucht über seinen Besitz und über das Denken und Reden seiner Untertanen wacht. Dabei hat Jesus ausdrücklich vor Jaja-Sagern, vor Lippenbekenntnis und Konformismus gewarnt! Was kümmert es ihn, ob's bei den Abendmählern reformiert, orthodox, katholisch oder gar unkonventionell zugeht? Ihm wäre wohl ein *neues* Abendmahl lieber, das brüderliche Kommunikation stiften würde bis in die alltäglichen Beziehungen, in die kirchlichen und gesellschaftlichen Strukturen hinein und womöglich quer durch Konfessionen und soziale Schichten hindurch.

4. Ein Grund, weshalb ich bei freier Wahl und in der heutigen Situation erneut für den christlichen Glauben in seiner evangelisch-reformierten Spielart optieren würde, ist der, daß es hier reale Freiheit gibt (im Prinzip wenigstens) zum offenen Dialog mit anderen Konfessionen, Weltanschauungen, Religionen. Ich glaube, daß diese Konfession eine der ökumenischsten ist, mindestens sein könnte. Das hängt wohl auch mit dem Satz »ecclesia reformata semper reformanda«. das heißt mit dem Ernstnehmen der Wandlung, der »Metanoia«, zusammen.

5. Ein zweiter Grund, evangelisch-reformiert zu bleiben, ist der Umstand, daß in dieser Konfession Freiheit auch strukturell verankert ist: keine Hierarchie (im Prinzip wenigstens...), dafür Autonomie, Selbstbestimmung der Gemeinden, der Basis. Ich halte das für eine demokratische, sogar progressive Struktur, die historisch mit der Entwicklung eines selbstbewußten Bürgertums, theologisch mit der reformierten Bundestheologie zu erklären ist, für die der Bundespartner Gottes schon immer das *Volk* gewesen ist.

6. Entschiedene Orientierung am Evangelium bei optimaler Offenheit für das, was anders als das Eigene ist (weil Gott uns immer auch im andern, zunächst Fremden anspricht und begegnet): das scheint mir eine latente Möglichkeit evangelisch-reformierten Glaubens zu sein, die die Vorstellung von einer Kirche impliziert, deren Aufgabe nicht Selbsterhaltung und Traditionspflege ist, sondern Solidarität mit denen, die unter dem Jetzigen leiden und deshalb das Bessere, Gerechtere suchen und versuchen, weil sie insgeheim von der Verheißung infiziert sind, daß Gott Liebe ist – und nicht Garant jetzt dominierender, achselzuckend akzeptierter und emsig institutionalisierter Lieblosigkeit (mit welchem Namen diese sich auch schmücken mag).

7. »Gott ist Liebe«: dieser neutestamentliche Haupt- und Kronsatz ist bisher, soviel ich sehe, für keine Konfession ein Zentral- und Bekenntnissatz, steht in keinem markanten Glaubensbekenntnis, ist in keinem bekannten Katechismus ein Schlüsselsatz, ist überall von allerlei anderen Sätzen verdrängt und überwuchert. Als hätte man Angst vor ihm! Als fürchtete man sich, daß dieser Satz Autoritäten unterhöhlen, Götzen stürzen, Institutionen gefährden könnte, wenn er einmal theologisch durchdacht, ethisch entwickelt würde auf *Orthopraxie* hin. Solange christliches Denken und Handeln gerade diesen Zentralsatz zum Nebensatz macht, um ihn herum- statt von ihm ausgeht, ist Christentum nicht, was es sein könnte. Insofern glaube ich, daß Konfessionen nichts Definitives, sondern Ausgangspunkte sind. »Evangelisch-reformiert« scheint mir ein möglicher, ein brauchbarer Ausgangspunkt zu sein.

Die Religionen, der Schalom

1

Religion:
Geschichte, darin wir wurzeln;
Visionen, von denen wir zehren;
Geist, der uns nährt;
Bilder der Seele;
alte Weisung;
neue Horizonte.

Aber auch:
Fanatismus, Heuchelei;
das Patriarchat;
Greuelfratzen, Gottesgötzen;
Psychoterror, der verkrümmt;
Großinquisitoren;
Arroganz moralischer Mehrheiten;
Intoleranz.

2

Toleranz dann also?
Auf jeden Fall: Als Minimum,
Als Ausgangspunkt.
Sonst aber
zu schwächlich das Wort:
Duldung, Erduldung.

Will denn die Gottheit,
weil gesellig,
nicht Neugier erregen in uns
auf Wege, auf Weisheiten anderer?

Liebt sie denn nicht
die wechselseitige Lernlust,
die durch fremde Traditionen
neue Möglichkeiten
der eignen entdeckt?

3

Gesellig heißt die Gottheit,
weil in ihr selber Andersheit ist,
freudig bejaht.

Und so
- beziehungsreich,
in pluralem Austausch -
stimmt Gott, die Göttin,
mit Sich überein,
ist, was Sie ist:
Schalom seit urher,
Gemeinschaft gegenseitigen Andersseins,
frei von Berührungsängsten.

4

Absolutheit?
Ein Wahngebilde des Willens zur Macht,
Giftquell der Fanatismen.

Absolut ist nichts,
auch keine Religion.
Absolut ja hieße: losgelöst
von Zeit, von Geschichte.
Religionen aber: gewachsene Vielgestalt,
zeitlich, geschichtlich.
Auch das Christentum: nicht absolut!

Und Christus?
Lebte, litt zu der ihm bestimmten Zeit
unter dem ihm bestimmten Volk, den Juden;
wirkt, auferstanden,
für ein Dasein,
das alle Geschöpfe erfreut,
damit die Erde werde,
wozu sie erwählt ist:
ein Gottesplanet.

5

Aufgeboten somit
(durch Christus, sag ich, ein Christ)
zum Reiche Gottes
und Seinem Schalom,
dem gedeihlichen Gleichgewicht
der Beziehungen, Ansprüche, Gewährungen,
fortzu ausbalanciert
durch Liebe.

Und die andern Religionen?
Staunen, sag ich.
Lernen, sag ich.
Darauf achten, ob ihre Weisheit
Unterdrückung rechtfertigt
oder Mut weckt zur Befreiung.

6

Sonst aber,
was weiß ich vom Erdreich,
dem der Glaube anderer entsproß,
vom Dung, der ihn nährte,

von den Bakterien im Boden,
den Wurzeln und Säften im Dunkel?
Hab'
ja nicht mitgegraben dort
oder Mist gezettet
oder mir anderswie dreckige Hände gemacht -
wie sollte ich urteilen dürfen?
Hab' ja nicht mitgelitten, mitgeschimpft, mitgefeiert
wie hier,
wie seit langem
auf diesem europäischen Acker,
im christlich-eidgenössischen Lehm
am Fuße der Alpen.

7

Nichts freilich erwart' ich
vom geschäftigen Supermarkt,
der Religionen feilhält als tauschbare Ware
oder sie gar zum Schnellimbiß hinklatscht
(Magenbrennen danach, Verdauungsbeschwerden).
Alles erwart' ich
von der geselligen Gottheit
und Ihrem Schalom,
drin Anderssein sich gegenseitig bejaht.

das licht

der sagt ich bin
sagt uns ihr seid

der sagt ihr seid
sagt uns ich bin

das licht der welt

schriftgelehrte

        ...gotteserörterer...
        peter hille

sie örtern
wir örtern
gott
vergeblich
mit wörtern

doch
er ist
der geist
und läßt sich nicht
örtern

er ist
das wort
und läßt sich nicht
wörtern

ich habe gelernt

ich habe gelernt (in der kirche):
wer dich auf den rechten backen schlägt
dem biete auch den andern dar

ich habe gelernt (in nahkampfkursen):
ein tritt in die hoden des feindes
legt diesen am sichersten um

was gilt nun?

streiklied

die schwarzen fürsten trommeln
die roten fürsten pfeifen
die weissen fürsten tuten
die braunen fürsten blasen

getrommelt und gepfiffen
getutet und geblasen
wir gehen nicht
wir kommen nicht
wir stehen nicht
wir tanzen nicht

wir folgen einem
andern fürsten

VI

Leihgabe

Die Weisung – der Bibel sowie der anderen Religionen – schärft ein: Alles ist Leihgabe! Die Luft, die wir atmen; Sonne, Regen, Schnee und der Boden, auf und von dem wir zusammen mit den Pflanzen, den Tieren leben; die Menschen, durch die, für die und mit denen wir da sind. Nichts ist, niemand ist unser Eigentum, Leihgabe alles und alle.

*

Leihgabe (u.a. der Evolution, der Geschichte, der Ahnen) auch das eigene Ich. An der Pforte des Todes geben wir es dereinst wieder ab.

*

Ein jedes Ich: einzigartig und sterblich. Genauer gesagt: einzigartig, *weil* sterblich. Vor allem aber: weil sterblich, einzigartig *kostbar*. Darum bedeutet jegliche Tötung Schuld, die nicht wiedergutgemacht werden kann. Weshalb Jesus eindringlich vor Gefühls- und Gedankenaufwallungen warnt, in denen, wenn auch vielleicht noch unbewußt, Tötungsbereitschaft gefährlich mitschwingt (Matthäus 5,21 - 22).

*

Zu wessen Händen geben wir Pförtner Tod unser Ich dereinst ab? Einhellig die Antwort der Religionen: zu Händen des Schöpfers, der uns diese Leihgabe anvertraut hatte. Alle Jenseits-Ausmalungen lassen unberücksichtigt, daß Jenseits stets auch bedeutet und besagt: jenseits des Ichs. Ausgemalt wird eine jenseitige Welt, als wäre sie immer noch diesseitig und vom sterblichen Ich so erlebbar, wie wenn dieses mit eins unsterblich und ewig geworden wäre.

Unsterblich, ewig ist aber Gott allein. Deshalb hütet sich z. B. das erste Testament davor, Menschen-Ichs ein ewiges Leben in Aussicht zu stellen. Und das zweite Testament? Auch es kennt nur die Unsterblichkeit und Ewigkeit *Gottes*. Der Wunsch nach Verewigung des Ichs, einst im Hellenismus und jetzt von neuem im Spätbürgertum zum Kern der Religiosität gemacht, bleibt ihm fremd. Wünsche dieser Art hat Jesus zurückgewiesen oder ad absurdum geführt (Matthäus 18,1 - 3; 22,23 - 35).

*

Das Ich ist Leihgabe. Der Tod beendet die Leihzeit. Wir werden das Ich wieder hergeben – *Ihm* hergeben – müssen. Deshalb die zweittestamentliche Rede von einer radikalen Diskontinuität, ausgedrückt in der Formel: Tod und Auferstehung resp. Auferweckung. Abbruch also und Neuschöpfung, kein »Weiterleben«, keine Kontinuität auf menschlicher Seite! Kontinuität ist allein auf seiten des »Ich bin/ Ich werde (da) sein«.

*

Wer oder was wird auferstehen resp. auferweckt werden? Nicht das Ich jedenfalls, sondern – unfaßbar, unverschämt materiell sogar – das Fleisch, der Leib: Auferstehung/ Auferweckung des *Fleisches*, des *Leibes*! Was soll das heißen? Wer kann das – und auch die Auferstehung Christi – verstehen? Ich jedenfalls nicht.

*

Im Vergleich zu gängigen Vorstellungen aber: Was für eine unkonventionelle, kühne Behauptung! Was für ein heiliger Materialismus! Und welch unerwartete Aufwertung des Leibes, des Körpers? Nichts also von »Unsterblichkeit der Seele«. Ist Seele denn etwas anderes als das Leben des Leibes? Weshalb der fromme Friedrich Christoph Oetinger einst den Kronsatz prägte: »Leiblichkeit ist das Ende der Werke Gottes.«

Gottes Weltleidenschaft: Auf Materie, auf Leiblichkeit gerichtet, ihnen immer neue Formen, Gestaltungen erfindend, dem Leben durch das Sterben neue Möglichkeiten und Varietäten öffnend. Zu erklären, zu begreifen ist diese Welt- und Formenleidenschaft nicht. Sie ist aber da. Uns bleibt das Staunen.

geburt

    ich wurde nicht gefragt
    bei meiner zeugung
    und die mich zeugten
    wurden auch nicht gefragt
    bei ihrer zeugung
    niemand wurde gefragt
    ausser dem Einen

    und der sagte
    ja

    ich wurde nicht gefragt
    bei meiner geburt
    und die mich gebar
    wurde auch nicht gefragt
    bei ihrer geburt
    niemand wurde gefragt
    ausser dem Einen

    und der sagte
    ja

Mein Atem geht

Mein Atem geht –
was will er sagen?

Vielleicht:
    Schau! Hör! Riech! Schmeck! Greif! Lebe!
Vielleicht:
    Gott atmet in dir mehr als du selbst.
Und auch:
    In allen Menschen, Tieren, Pflanzen atmet Er wie in dir.
Und so:
    Freude den Sinnen!
    Lust den Geschöpfen!
    Friede den Seelen!

Erwählter Planet

1

Gott: nicht irgendwo.
Nicht irgend anderswo.
Kein Etwas.
Nicht besitzbar.
Unter uns.

Sagt der Galiläer.

2

Auf diesem Planetchen,
wo in Jahrmillionen Leben gelang,
wo gesprochen wird
im rundum schweigenden All,
wo Liebe, das Wunder,
einzigartig geschieht,
wo Erdgesetze (physikalisch, chemisch usw.)
zur Wiege wurden
kreatürlicher Freiheit:
Lilien erblühen im Feld,
Vögel fliegen am Himmel,
Worte von Mund zu Mund.
Kranke finden Pflege,
Menschenrechte heben ihr Haupt,
Tierrechte, Pflanzenrechte allmählich auch.

3

Draußen jedoch:
Explosionen, ungeheuer!
Vulkanische Exzesse.
Atomare Spektakel.
Löcher im All.

Gestirne, die aufeinander prallen.
Wer faßt's?
Hier aber,
nach vorzeitlicher Sintflut,
die Perlmuttbrücke, der Regenbogen -
Siegel einer Güte,
die Leben verspricht
für die nächsten paar tausend Jahre.
Und auch, denke ich,
der Wunsch der geselligen Gottheit,
ein pied-à-terre unter uns haben,
ein pied-à-coeur dazu.

»Wisset ihr nicht,
daß ihr Gottes Tempel seid?« (1. KORINTHER 3,16)

4

»Erwählung« – ob ein solches Wort
wohl noch Vernunft hat, noch Sinn?
Nach so viel Vernichtungsorgien
von Menschen, von Völkern,
die sich erwählt glaubten,
denke ich eher: Nein.
Es wäre denn,
wir wollten unter Erwählung verstehen,
daß Pflanzen, Tiere, Menschen,
daß alles, was lebt,
dazu ausersehen ist,
auf diesem kleinen Planeten
eine Vergänglichkeit lang
atmen, lieben, sich tummeln zu dürfen.
So: ja.
Nur so.

Ich stelle mir vor: auch
der Erdmatriot aus Nazareth
hätte das Wort Erwählung
nicht anders brauchen mögen.

Psalm 65

1 Dem Chorleiter. Ein Psalm Davids. Ein Lied.
2 Dir gebührt Lobgesang, Gott, auf dem Zion,
   dir bezahlt man Gelübde,
3 du Hörer des Gebets!
   Zu dir bringt alles Fleisch
4 die Lasten der Sünden.
   Wurden uns zu groß unsere Vergehen -
   du schenkst Vergebung.
5 Glücklich, den du erwählst, dir nahen läßt,
   daß er in deinen Vorhöfen wohne!
   Laben dürfen wir uns an den Gütern deines Hauses
   – heilig ist dein Tempel!
6 Mit furchterregenden Taten antwortest du in Treuen,
   Gott unseres Heils!
   Du Zuversicht aller Weltenden
   und der fernen Inseln!
7 Der die Berge aufrichtet mit seiner Kraft,
   umgürtet mit Heldenmacht,
8 der da beschwichtigt das Toben der Meere,
   das Toben ihrer Wogen
   (und das Tosen der Völker).
9 Die Bewohner der Weltenden fürchteten sich
   vor deinen Zeichen.
   Die Aufgänge des Morgens und des Abends
   machst du jubeln.
10 Du suchtest heim das Land, überschüttetest es,
   schenktest ihm Überfluß.
   Mit dem Gottesbach voller Wasser
   bereitest du ihr Korn. Ja, so richtest du es her:
11 du tränkst seine Furchen, ebnest seine Schollen,
   du weichst es auf mit Regen, segnest sein Gewächs.
12 Du krönst das Jahr mit deinem Gut,
   deine Spuren triefen von Fett.
13 Es jauchzen die Auen der Steppe,
   mit Jubel gürten sich die Höhen.

14 Die Weiden bekleiden sich mit Herden,
die Täler hüllen sich in Getreide.
Sie jauchzen sich zu und singen.

1

»Dir gebührt Lobgesang« (2): »Lobpreis ist unsere erste Antwort. Völlig unfähig, zu sagen, was Seine Gegenwart bedeutet, können wir nur singen, können wir nur Worte der Anbetung stammeln. Aus diesem Grunde hat in der jüdischen Liturgie der Lobpreis Vorrang vor der Bitte.« (Abraham J. Heschel) Der Lobgesang dieses Psalms gilt dem auf Zion gegenwärtigen Jahwe – in der Stille seiner allerheiligsten Cella »Hörer« (3) der Gebete seines Volkes, das die »Lasten seiner Sünden« (4) zu ihm bringt. Hierbei ist – wie ebenfalls bei der Bezahlung von Gelübden (2) – die Darbringung entsprechender Opfer selbstverständlich mitgemeint.

Glücklich jedenfalls, wer, weil ein »Zaddik«, ein Bewährter, in den Tempel eintreten, am Kult teilnehmen, Opfer darbringen (vgl. Psalm 15; 24,3ff.) und am Opfermahl sich mitlaben darf (5; vgl. Psalm 22,27; 23,5; 36,9)!

Zwar »wohnt« Jahwe resp. sein Name im jerusalemischen Heiligtum, sein Herrschafts- und Gnadenbereich wird jedoch als universal gepriesen: er erstreckt sich bis zu fernsten Inseln, bis an die Weltenden (6). Die weltweite Macht Jahwes ist – in den Psalmen wie auch sonst in der hebräischen Bibel – ein *Gaubens*bekenntnis. Nie aber wird aus diesem Glaubensbekenntnis – wie später im Christentum, im Islam – ein genereller Missionsauftrag und ein welterobernder Bekehrungsaktivismus abgeleitet (vgl. Psalm 47). Insofern ist das Judentum die Ausnahme unter den sogenannten »monotheistischen Buchreligionen« und lebendiger Beweis dafür, daß das Bekenntnis zum EINEN Gott nicht notwendigerweise auch einen universalen Geltungs- und Machtanspruch der Bekennenden nach sich ziehen muß. So ist denn auch der Talmud – im Unterschied zum Neuen Testament und zum Koran – kein »Missionsbuch«. In ihm werden die Texte der hebräischen Bibel nicht im Blick auf zu Bekehrende, sie werden für die gläubigen Juden selbst befragt und »nach dem vom Wort Gottes verlangten Pluralismus« (Emmanuel Lévinas) diskutiert und kommentiert. Denn, so Edmond Jabès: »Das Vaterland der Juden ist ein heiliger Text inmitten der Kommentare, die er hervorgerufen hat.«

2

Der seinem Volk auf dem Zion begegnende Gott ist nicht bloß ein Stammes- oder Volksgott. Als der »Höchste« (Psalm 21,8; 46,5; 77,11; 82,6; 83,19; 91,1; 92,9) ist er der Schöpfer/Erhalter der Welt (7 - 10). Sein welterschaffendes ist identisch mit seinem welterhaltenden Handeln. Das hebräische Denken blieb nie fixiert auf die Vorstellung eines abgeschlossenen Schöpfungswerkes, das nachträglich bloß noch gelegentlicher Erhaltungsarbeiten bedürfte. Auch das Siebentagewerk 1. Mose 1 - 2,4 ist kaum je in diesem Sinne interpretiert worden. »Der die Berge aufrichtet mit seiner Kraft« (7), »der da beschwichtigt das Toben der Meere« (8): Diese Aussagen beziehen sich gleicherweise auf den Anfang wie auf den Fortbestand der Welt. Gott *war* nicht der Schöpfer (einst in der Vergangenheit), er *ist* es nach wie vor, wird es – solange er will – auch in Zukunft bleiben. Ohne sein aktuelles Schöpfungshandeln sänke die Welt ins uranfängliche Chaos zurück. Der Psalm rekurriert auf mythische Bilder babylonischen Ursprungs, die vom Kampf Gottes (»umgürtet mit Heldenmacht«, 7) gegen die vorweltliche Chaosflut erzählten (vgl. Psalm 46,4; 89,10ff.; 93,3). In solch uralten Vorstellungen findet, zumal in einem Hymnus wie diesem, das tiefe Staunen darüber seinen Ausdruck, daß die Welt überhaupt Bestand hat, trotz der gewaltigen Macht und Virulenz des Chaos! »Nach hebräischem Denken ist die Welt von den Ursprüngen her in sich nicht gefestigt und nicht gesichert. Sie wird in jedem Augenblick über dem Chaos, über dem Nichts gehalten in Gottes Herrschaftswort... Zieht er sein Wort zurück, dann versinkt die Welt in die Sintflut – in das Chaos.« (Hans-Joachim Kraus)

Das Bewußtsein einer radikalen Exponiertheit und Ungesichertheit der Welt unterscheidet sich deutlich vom griechischen Denken. Dieses entwickelte die Vorstellung einer in sich selbst ruhenden Seinsstruktur der Welt. Als erster der griechischen Denker verzichtete Aristoteles schließlich bewußt auf eine kosmogonische, d. h. Weltentstehungs-Theorie und glaubte, die Ewigkeit der Welt annehmen und beweisen zu können. Seine Anschauung prägte entscheidend das spätantike und danach auch das europäische Denken. Erst in der Neuzeit ist diese Weltgewißheit grundlegend erschüttert worden. Die Erschütterung kündigte sich, vorerst kaum beachtet, z. B. in den Prosawerken des Prager Juden Franz Kafka an. Auch anderwärts aber meldete sich das Chaos gewissermaßen zurück. »Stell dir vor, daß sie im Innersten der Materie, gleichsam mitten im Diesseits, das alte *Chaos* wieder entdeckt haben...«, ließ Paul Valéry seinen Faust sagen (»Mon Faust«, posthum ediert 1946). In der Tat hatte die Elementarteilphysik subatomare Kräfte entdeckt, die keiner berechenbaren Bindung oder Ordnung mehr zu unterliegen schienen – Hölderlins »ewige Wildniß« sozusagen! Seit kurzem nun spürt die Chaosforschung chaotischen Substrukturen in verschiedenen Lebensbereichen nach. Gewiß nicht zufällig drängt sich diese Beschäftigung mit dem Chaos auf in einer Zeit, da ein Chaos herstellbar geworden ist, d. h. in der Epoche der Nuklearenergie und der ökologischen Destabilisierung. Freilich ist das herstellbare Chaos noch nicht das alles auflösende Urchaos, wohl aber eine seiner menschlich machbaren Entsprechungen.

Jedenfalls sind wir von neuem mit der alten, lange verdrängten Einsicht konfrontiert, daß die Welt in ihrem Bestand keineswegs selbstverständlich gesichert, vielmehr höchst exponiert, höchst gefährdet ist. Sie hängt, nach biblischer Anschauung, sozusagen am Faden des göttlichen Schöpfungswortes. Insofern ist ihr Bestand und Fortbestand Gnade, Wunder, darob »die Aufgänge des Morgens und des Abends« in dankbaren Jubel ausbrechen (9). »Das Gewöhnliche selbst ist ja schon ein Wunder«, sagte Franz Kafka im Gespräch mit Gustav Janouch.

3

Gottes fortwährendes Schöpfungshandeln veranschaulicht der Psalm am Regen, der das Wunder der Fruchtbarkeit bewirkt (10 - 14). Nicht »es« regnet – »er« regnet und überschüttet das Land! Der »Gottesbach« ist's, der die Erde bewässert (11), das Korn wachsen läßt (10). »Gottesbach« (vgl. Psalm 46,4; Jesaja 33,21; Joel 3,18; Ezechiel 47; Sacharja 14,8): ein mythologisches Bild der Jerusalemer Kulttradition. Ihm zufolge sprudelt der Quell allen

Segens im Tempel und bewässert vom ihm aus Ackerland und Steppen. Ähnlich zwar, doch bereits weniger unmittelbar, sieht der Koran Gott als den Regenausschütter: »Und Gott ist es, der die Winde geschickt hat, worauf sie Gewölk aufbrachten. Wir trieben es ausgetrocknetem Land zu und belebten dadurch die Erde, die abgestorben war.« Sogleich wird dieses Tun Gottes analogisch gedeutet: »So vollzieht sich (dereinst auch) die Auferweckung (von den Toten).« (Sure 25,910) Hier wird bereits deutlicher die Rolle der Winde und Wolken hervorgehoben. Salomo Ibn Gabirol, der hebräische Dichter in Spanien (ca.1020 - 1070), ersetzte das Subjekt »Gott« vollends durch das Subjekt »Regen«, indem er z. B. »*du* ebnest seine Schollen« (11) umformulierte zu »der Erde Scholle schwemmt *Regen* glatt mit seinem Naß«. An die Stelle des allein handelnden Gottes trat somit der autonom »handelnde« Regen. Griechisch-aristotelisches Denken – vermittelt durch den Islam! – hatte sich selbst bei diesem gläubigen Juden durchsetzen können und prägte alsbald das gesamte europäische Naturverständnis. Die Natur oder einzelne Naturvorgänge galten in einem gewissen Sinne nunmehr als autonom handelnde Subjekte. Das neutrische »es« – »es« regnet – löste das personale »er« ab.

Der Psalm jedoch preist den im Naturgeschehen unmittelbar handelnden Gott. Er wagt sogar die Metapher von einem Jahwe, der – die Erde krönend – durchs Land schweift und dabei Spuren hinterläßt, die »triefen von Fett« (12). Kräftig-schöne Bilder gesegneter Fülle beschließen den Hymnus (13/14). Die Auen, die Höhen jubeln, fruchtbar gewordene Wiesen und Täler jauchzen einander zu und singen. »Unsere Verwandtschaft mit der Natur ist eine Verwandtschaft des Lobpreises. Alle Dinge lobpreisen Gott. Wir leben in einer Gemeinschaft der Preisung.« (Abraham J. Heschel)

die hoffnung

die hoffnung geht zu fuss
die hoffnung strampelt auf dem rad
die hoffnung fährt mit der bahn

die hoffnung guckt wolken nach
die hoffnung grüßt den mond
die hoffnung findet zeit

die hoffnung verteidigt igel und bäume
die hoffnung versteckt asylanten
die hoffnung kauft im drittweltladen ein

die hoffnung fällt und erhebt sich wieder
die hoffnung steigt über berge
die hoffnung durchschwimmt das meer

die hoffnung bleibt neugierig
die hoffnung entdeckt zusammenhänge
die hoffnung sucht verbündete

die hoffnung kann entbehren
die hoffnung weiss zu geniessen
die hoffnung schürt das feuer der liebe

die hoffnung kann wütend werden
die hoffnung kann traurig sein
die hoffnung lacht subversiv

die hoffnung kämpft für das recht des andern
die hoffnung feiert und tanzt
die hoffnung macht zärtlich

die hoffnung hat nichts
die hoffnung will alles
die hoffnung betet um das reich gottes

V

Glaube und Eros

Unsere Schwester Mutter Erde

Jemand schickt mir eine Spruchkarte, welche die »Communität Casteller Ring« herausgegeben hat:

»Seid ohne Furcht, wenn eines Tages die Kraft der Atome den kreisenden Erdball zersprengen sollte, dann wird sie doch nichts sein gegen jene Gewalt, die den Stein vom Grabe hinwegwälzte. Christus hat einmal den Tod besiegt, alles Grauen währt nur bis zum dritten Tag und jede Vernichtung ist eingeschlossen in Seine und unsere Auferstehung.«

Christlich motivierte Ergebenheit in den Overkill? Geht solche Ergebenheit nicht über in widerstandsloses Einverständnis? Falls aber tatsächlich alles kaputt gemacht werden soll, will ich – gerade als Christ! – damit nicht auch noch einverstanden gewesen sein.

Die Rüstung zum atomaren Holocaust ist die einzige Gotteslästerung und Blasphemie, die unverzeihbar bleibt. Mit ihr verglichen sind Gotteslästerungen und Blasphemien, wie sie von Richtern und Kirchenbehörden noch immer in Texten und Kunstwerken erschnüffelt und geahndet werden, liebenswerte Kinderspiele.

Dagegen ist die Rüstung zum Overkill nichts anderes als Vorbereitung zur Ermordung unserer Mutter, der Erde, die Franz von Assisi im *Lob der Kreatur* (Laudes creaturarum) so gepriesen hat:

»Laudatu si mi signore per sora nostra madre terra.« (Gelobt sei mein Herr durch unsere Schwester Mutter Erde.)

Ein anderer Christ, der Philosoph Franz von Baader (1765-1841), schrieb einen Satz, der unsere Verantwortung der Erde gegenüber so festhält: »Dem Verhalten des Menschen zu Gott entspricht sein Verhalten zum Grund und Boden, dem Kultus die Kultur, und wie er mit seinem Vater im Himmel steht, so steht er mit seiner Mutter – der Erde.«

Bereits in der biblischen Schöpfungserzählung erscheint die Erde (als Festland und Humus) als eine durch ihre Lebensmacht selbsttätige Mitarbeiterin des Schöpfers, welche die Vegetation sprießen läßt (1. Mose 1,11f.). Zwar wird sie nicht »Mutter« genannt, als »mütterliche« Wachstums- und Lebensmacht jedoch ins Schöpfungsgeschehen integriert.

Es ist nicht Zufall, sondern Reaktion auf die totale Vernichtungsdrohung, daß jetzt die Rede von der »Mutter Erde« wieder vermehrt hörbar wird. Darin zeichnet sich ein Umdenken, Neudenken ab, erwachter Erdpatriotismus oder Erdmatriotismus, ein Aufstand der Biophilie (Lebensliebe) gegen die Nekrophilie (Todesliebe).

Meine Erfahrung ist, daß es ohne Lebensliebe keine erotische Liebe gibt und daß diese jene immer von neuem erweckt. Franz von Baader abwandelnd behaupte ich: Dem Verhalten des Menschen zur Schöpfung Gottes entspricht sein erotisches Verhalten, dem Kultus der Eros, und wie er mit seiner Mutter, der Erde, steht, so steht er mit seinem / seiner Geliebten. Wogegen die nekrophile Mentalität der atomaren und ökologischen Zerstörung zwar nicht den Sexus, wohl aber den Eros verkümmern läßt.

Mit der Geschichte droht auch Gott ausgelöscht zu werden

Erregte die Spruchkarte aus dem Seeschloß meinen entschiedensten Widerspruch, so fand dafür eine Äußerung des Erzbischofs von Seattle/USA, R. G. Hunthausen, meine ungeteilte Zustimmung:

»Wenn wir uns selbst als Körper Christi sehen, wenn wir in uns die Gegenwart von Jesus auf der Welt sehen, wie es die Heilige Schrift lehrt – dann würden wir mit den Millionen und Abermillionen Menschen, die in einem Atomkrieg sterben, auch unseren Erlöser zerstören. Denn Christus und die menschliche Familie sind eine Einheit.«

Die Zerstörung der Menschheit und ihrer Geschichte würde mit aller Vergangenheit auch das vergangene Heilsgeschehen auslöschen. Niemand wäre mehr da, der sich seiner erinnern, sich seiner Segenswirkungen erfreuen könnte.

Die Pflicht zur Bewahrung der – gewiß unerlösten, gewiß oft grauenhaften und ungerechten – Geschichte gehört heute zur Auslegung und Praxis des ersten der zehn Gebote: »Ich bin der Herr, dein Gott, der ich dich aus dem Lande Ägypten, aus dem Sklavenhause, herausgeführt habe; du sollst keine anderen Götter neben mir haben.« (2. Mose 20,2)

So redet Jahwe, der Gott, der sich auf die Geschichte von uns Menschen einläßt und den Sklaven in Ägypten eine exemplarisch neue und freiere Zukunft schenkte. Seither zielt Gottes Heilshandeln immer von neuem auf Befreiung, aber nicht auf Befreiung *von* der Geschichte, sondern auf Befreiung *in* der Geschichte im Hinblick auf eine Befreiung *der* Geschichte. Wer Gott die Geschichte gleichsam unter den Füßen wegzieht oder dieses Wegziehen widerstandslos geschehen läßt, löscht damit auch den biblischen Gott »für uns«, »mit uns«, »vor uns« aus. Deshalb fordert das erste Gebot uns heute dazu auf, die Geschichte vor einem jetzt möglich gewordenen, gewaltsamen und endgültigen Abbruch zu bewahren, damit ihr Fortgang das Heils- und Befreiungsgeschehen weiterhin wahr und wirkungsmächtig bleiben läßt.

»Du sollst keine anderen Götter neben mir haben« meint somit: keine Götter, die grünes Licht geben für den atomaren Holocaust und dessen Vorbereitung. Just ein solch »anderer« Grünlichtgott resp. Grünlichtchristus grinst zwischen den ach so »frommen« Zeilen der oben zitierten Spruchkarte aus dem Seeschloß hervor: »Und das ist kein Wunder; denn der Satan selbst verkleidet sich in einen Engel des Lichts.« (2. Korinther 11,14)

Wo die Bereitschaft wächst, der Geschichte gegebenenfalls ein Ende zu setzen, meldet sich Eros schon vorher ab. Was bleibt und was, wie wir sehen müssen, zunimmt, ist gewalttätiger Sex, sind Sado/Maso-Praktiken. Mit Eros hat das nichts mehr zu tun. Der Eros will Frieden, nicht Gewalt, Freude, nicht Qual, Freiheit, nicht Versklavung, Zärtlichkeit, nicht Bestrafung, Leben, nicht Tod. Gewiß gibt es eine uralte Verbindung zwischen Eros und dem Tod, aber mit dem natürlichen Tod, der zum Leben und zur Geschichte eines Lebens ebenso gehört wie zum Leben der Geschichte überhaupt. Weil Eros, ein Fabulierer und Klatschvetter seit jeher, die Menschen und ihre Geschichten liebt, kann und mag er sich ein Ende der Geschichte mit ihren Geschichten nicht vorstellen. Lieber als daß er das tut, meldet er sich ab. Unter potentiellen Geschichtsvernichtern mag es noch sexuelle Handlungen geben, doch keinen Eros. Dieser will Dauer, Fortgang, Geschichte!

Eros und Glaube als Geschwister

Selbst eine Verschrottung bestehender Weltvernichtungssysteme würde das Wissen, wie die Welt vernichtet werden kann, nicht mehr beseitigen können. Der Verdacht, daß hinterrücks doch irgendwo wiederum neue Vernichtungssysteme – noch unauffälligere vielleicht, noch wirksamere – geplant oder sogar entwickelt werden, wird die Menschheit im Fall ihres Fortlebens inskünftig begleiten. Wir haben eine Erbschaft angetreten, die wir nicht mehr loswerden.

Oft hört man sagen, die Menschheit insgesamt habe jetzt jene Freiheit zum Selbstmord erreicht, die der einzelne Mensch immer schon hatte. Das hört sich eindrucksvoll an, ist jedoch falsch. Die Menschheit denkt überhaupt nicht daran, sich das Leben zu nehmen! Man veranstalte dazu nur einmal eine globale Abstimmung – das Resultat, daran zweifle ich keinen Moment, würde eindeutig ausfallen. Eros als Lust zum Leben, als Lust des Lebens würde denen, welche die Spezies Mensch schlechthin zur Selbstmörderin »befördern« möchten, einen überwältigenden Denkzettel verabreichen. Als Lust zum Lebendigen agitiert der Eros unentwegt für die Schöpfung und ihre Geschöpfe. Damit steht er dem Schöpfer unendlich viel näher als jene gefährlich frommen Schwärmer, die von einem atomaren Harmagedon träumen.

Nein, die Vernichtung der Menschheit würde Mord, nicht Selbstmord, die Gattung das Opfer einzelner, nicht die Täterin sein. Die Rede vom »kollektiven Selbstmord« lügt, teils wohl, um Verantwortlichkeiten zu verwischen, teils auch, um dem Opfer den Heroismus einer freien Entscheidung zu suggerieren.

»Unsere Schwester Mutter Erde« will aber nicht geschwister- und kinderlos, das heißt menschenlos werden. Und Gott, der sich in Christus (aber auch in anderen Religionen) mit der Menschheit verbunden hat, will nicht, daß seine Geschichte mit uns Menschen gewalttätig abgebrochen wird.

Woher ich das weiß?

Eros souffliert es mir.

Eros, der mich immer wieder zur Bejahung des Daseins im einzelnen und im ganzen, im eigenen und im anderen überredet, überlistet. Eros, ein elementarer Grundtrieb, in dem sich, wer weiß, der Triebgrund allen Lebens individuell manifestiert. Eros, der – so scheint es – nicht den Sinn des Lebens sucht, sondern in den Sinnen lebt und vielleicht gerade dadurch dem Sinn des Lebens am nächsten kommt. Eros, der meinen Tod nicht verbirgt, ihn mir vielmehr vor Augen hält: Mein Tod gehört zu meinem Leben, er gehört zum Leben überhaupt und ermöglicht dessen Weiterentfaltung. Wogegen die Drohung mit der Vernichtung des Lebens auf der Erde anti-erotisch ist, der Anti-Eros par excellence.

Angesichts der absoluten Drohung finden Eros und Glaube zusammen wie Geschwister, die sich lange aus den Augen verloren und aufgrund mancher Gerüchte nicht nur verkannt, sondern bekämpft haben. Der Glaube braucht den Eros – das zeigt sich allmählich –, um nicht zum Erfüllungsgehilfen der Vernichtung zu werden, sei's durch manichäischen Dualismus, sei's durch eine politisierte Harmagedon-Apokalyptik. Überhaupt ist heute vor schnellen Verweisen auf die Apokalypse zu warnen. »Apokalypse« heißt: »Enthüllung, Offenbarung«. Der atomare Holocaust würde jedoch nichts offenbaren, er würde alle Offenbarung für immer auslöschen.

Aber auch Eros braucht – so wird jetzt erkennbar – den Glauben an den Bund Gottes mit der Menschheit. Wie soll er ohne diesen Glauben an Gottes Treue dem Leben treu bleiben und weiterhin für es agitieren können? Wie soll er, abgesehen von Gottes Weltlust, noch Lust zu uns und für uns haben?

Gemeinsam beschwören uns der Glaube und der Eros, den Weltvernichtern in den Arm zu fallen, die Erde und ihre Geschichte zu retten. Das kann nur gelingen, wenn in unserem persönlichen Leben die Erotik gläubiger und der Glaube erotischer wird.

Es ist nicht Zufall, daß neuerdings der Eros auch in der Spiritualität Jesu entdeckt wird, bei Fulbert Steffensky zum Beispiel so: »Er hat nicht nur gesagt: Gott liebt euch und liebet einander. Er hat dieser Liebe sein Pathos gegeben, einen Tanz, seinen Ausdruck und seine Sinnlichkeit. Er war ein Prediger und Dramaturg. Er hat nicht nur Freundschaft gestiftet, sondern auch Gesten dieser Freundschaft erfunden und ihr Zeichen gesetzt: Brot und Wein, Öl und Wasser, Segnungen und Umarmungen, Fußwaschungen und In-den-Sand-Schreiben, Fasten und Trinken wurden zu neuen Gesten des Lebens. Die Erotik des von ihm gestifteten Lebens nahm Gestalt an in der Sinnlichkeit der Zeichen. Erotisch ist ein Zeichen dann, wenn es noch nach dem Leben riecht, das es ausdrücken soll, wenn also Freude oder Trauer, die Hoffnung oder die Verzweiflung, die Liebe oder der Haß an ihm noch unmittelbar ablesbar sind.«

Einst war Eros ein loses Bürschchen, das halb boshaft, halb neckisch Liebespfeile verschoß. Seinen Schabernack trieb es in einer Welt, die die Griechen für ewig hielten. In Jesus begegnet ein anderer Eros, ein erwachsener jetzt, der weiß, daß die Welt zeitlich und endlich ist. Anstatt des Knaben, der mit seinen Flügeln jeder existentiellen und gesellschaftlichen Realität gleich wieder entfliegt, stellt sich in Jesus ein erwachsener Eros den Realitäten. Keine Flügel retten ihn vor Zugriff und Tötung. Das Kreuz offenbart die Welt als eine gewalttätige, die nicht Liebespfeile verschießt, sondern mit einer Lanze in die Wunde des wehrlosen Opfers stößt. Erst in dieser Konfrontation hört Eros auf, unverbindlich zu sein. Am Kreuz leuchtet seine heilige Verbindlichkeit auf: Er hat seine Zukunft erst noch vor sich, in den Ostergeschehnissen zeichnen sich ihre Konturen ab. Darum wehren Glaube und Eros sich heute einträchtig für die Erde, erheben erotischer Glaube und gläubige Erotik ihre Stimmen gegen die

Zerstörung der Zukunft. Sie erheben nicht allein ihre Stimmen, in bunten Demonstrationen, Aktionen, Ritualen setzen sie ihre Sinne, ihre Körper, ihre Phantasie ein. Selbst die Frage von Novalis: »Ist die Umarmung nicht etwas dem Abendmahl Ähnliches?« scheint in diesem Zusammenhang nicht länger verstiegene Schwärmerei zu bleiben. Jedenfalls scheint mir zwischen dem Eros der Bejahung und dem Widerstand gegen die Vernichtung ebenso eine Beziehung zu bestehen wie zwischen »frommem« Anti-Erotismus und insgeheimem Einverständnis mit der Vernichtung.

Das Symbol der Taube

Sub specie annihilationis – angesichts der Vernichtung – hört der Konflikt zwischen Glaube und Eros auf, ein solcher zu sein. Agape und Eros, Caritas und Amor, Nächstenliebe und erotische Liebe sind nicht Feinde, sondern Geschwister. Sie schließen sich nicht gegenseitig aus, sie ergänzen einander. Die Taube des Heiligen Geistes war, als Taube der syrischen und der griechischen Liebesgöttin, ebenfalls ein erotisches Symbol. Lange ist diese Doppelnatur des Tauben-Symbols verdrängt worden. Dazu besteht kein Anlaß mehr. Der Geist Gottes ist ebenso erotisch wie der Eros geistig, die Agape liebt den Eros, wie dieser jene: Gemeinsam bejahen sie das Leben und seine Zukunft. Die beiden Flügel der Taube, so könnte man deuten, stellen den Doppelaspekt von Nächstenliebe (Agape) und erotischer Liebe dar. Mit nur einem Flügel ist die Taube – im übrigen ja auch ein Symbol des Friedens! – flugunfähig.

Ich gehe noch einen Schritt weiter mit der Behauptung, daß die Taube mit den beiden Flügeln Agape und Eros ein Ehesymbol ist.

Wie komme ich zu dieser Behauptung? Nicht aufgrund abstrakter Spekulation, sondern aufgrund eigener, konkreter Eheerfahrung. Ich weiß, daß damit meine Behauptung jede Allgemeingültigkeit verliert. Sei's drum! Dann bleibt die Taube mit dem

Agape- und dem Eros-Flügel eben ein Symbol ehelicher Privatmythologie. Ich denke auch gar nicht daran, mit ihm die eigene Eheerfahrung verallgemeinern zu wollen. Ebensowenig will ich mir diese Erfahrung freilich ausreden lassen. Inmitten einer Gesellschaft, die auf ständigen Wechsel, auf schnellen Konsum und ebenso schnelles Wegwerfen – bis hin zum Wegwerfen des Ganzen! – aus ist, erlebe ich die Ehe als das Gegenteil, nämlich als eine Lebensform schöner Langsamkeit und Verläßlichkeit. Wo alles grenzenlos ausufert, auswuchert, setzt sie sich Grenzen. In diesen Grenzen bildet sich etwas wie mitmenschliche Heimat, Geborgenheit. Darin kann Ehe sich entfalten als »das Abenteuer erotischer Weisheit« (Ernst Bloch).

In der Verbindung von Eros und Nächstenliebe, von Sexus und Treue entwickelt die Ehe ihre eigene Spiritualität. Wo rundum Profit das Zepter schwingt, wo der Mehrwert alle anderen Werte verdrängt, wo gerafft und spekuliert, erobert und ausgebeutet wird, lebt die Ehe – und nur so kann sie leben! – vom Teilen. Eheleute teilen sich einander nicht nur mit in jenem Dauergespräch, das Ehe immer auch ist, sie teilen Tisch und Bett, Leben und Geld, Lust und Leid, Probleme und Enttäuschungen miteinander. Insofern hat die Ehe tatsächlich etwas zu tun mit dem Sakrament des Teilens, mit dem Abendmahl. Wie dieses signalisiert sie eine Bejahung, die so elementar ist wie die Zeichen von Brot und Wein, die sowohl die Schöpfung symbolisieren wie denjenigen, der für das Leben aller starb.

Ehe demnach als gelebtes Bekenntnis für die Welt und gegen deren Vernichtung? Als Bekenntnis für den Fortgang des Lebens und gegen dessen Auslöschung? Und so auch: Ehe als Einübung schöpferischen Friedens, zu dem es keine Alternative mehr gibt?

Ich erfuhr es bisher so. Die Taube mit den Flügeln Eros und Agape symbolisiert für mich den Geist der Ehe als eine Möglichkeit, dem Geist göttlicher Weltleidenschaft und Lebenstreue zu entsprechen und vor dem Ungeist der Vernichtung nicht zu resignieren.

Beten für den Fortbestand der Welt!

Fast immer hatten die alten Mythen von der Erschaffung oder Entstehung der Erde ihren Sitz im kultischen Leben. Sie beschworen oder erbaten den Fortbestand der Schöpfung.

Unter der Vorherrschaft des wissenschaftlich-analytischen Denkens, das nach den Urelementen und nach dem »Wie?« der Weltentstehung fragte, ist dieser Sorge- und Bittaspekt der Schöpfungsmythen der Verachtung anheimgefallen und auch in den Kirchen in Vergessenheit geraten. Ohnehin hielt man, dem »Fortschritt« blind vertrauend, den Bestand und die Zukunft der Welt für selbstverständlich. Jetzt aber zeigt sich, daß eben dieses wissenschaftlich-analytische Denken, umgesetzt in technische und ökonomische Macht, den Bestand der Welt gefährdet.

Zeit also, wiederum für den Fortbestand der Erde, für den Fortgang der Geschichte zu beten! Noch geschieht das in unseren Gottesdiensten kaum. Noch können Christen von sich nicht kühn behaupten, wie es einst Aristides von Athen in seiner Verteidigung des Christentums gegenüber Kaiser Hadrians getan hat: »Ich hege keinen Zweifel, daß nur durch das flehentliche Gebet der Christen die Welt noch fortbesteht.« (Apologia 16,6) Noch bleibt der Eros zur Welt, die Lust zum Lebendigen, die Zärtlichkeit zu »soviel berauschender Vergänglichkeit« (Elisabeth Langgässer) christlich und liturgisch zu wenig artikuliert. Möglicherweise entspringt dieser Mangel einer antierotischen Gottesvorstellung patriarchalen Zuschnitts, hängt zusammen mit dem nach wie vor virulenten Gottesbild des unzugänglichen, herrisch unbeeinflußbaren Autokraten. Gott aber ist, die Dreieinigkeitslehre deutet es an, dialogisches Mysterium. Der Eros des Gesprächs, des Hörens und Eingehens auf uns, seine Geschöpfe, ist ein Wesenszug seiner Agape, seiner Liebe. Daraufhin sollen Gebete überhaupt, soll insbesondere die Bitte um den Fortbestand der Welt artikuliert werden. Warum sie nicht in jedem Gottesdienst laut werden lassen? Warum nicht ab und zu formulieren:

>»Dein Reich komme,
>Deine Welt bleibe!«

Oder umgekehrt und besser noch:
»Deine Welt bleibe,
Dein Reich komme!«

Damit und auch mit entsprechenden anderen Gebeten und liturgischen Anrufungen wird keine einzige Pershing II oder SS 20 entfernt, wird kein einziger Baum und kein vergiftetes Gewässer gerettet. Dennoch bleiben Gebete nicht folgenlos. Gerade, wenn sie einen festen liturgischen Platz haben, entwickeln sie, nicht zuletzt durch Wiederholungen, in den Betenden eine gewisse Präge- und Motivationskraft. Auch kann sich eine Kirche, in der das Gebet für den Fortbestand der Welt selbstverständlich wird, konkreten Stellungnahmen in Fragen des Friedens und der Ökologie auf die Dauer nicht mehr entziehen. Vielleicht war es bisher just die Angst vor – auch politisch! – verbindlichen Stellungnahmen, die dem Gebet und der Liturgie für den Fortbestand der Welt im Wege standen?

Für mich besteht kein Zweifel: Der Eros der Weltbejahung sucht heute seinen christlichen und darum auch seinen liturgischen Ausdruck! Ohne ihn droht der Glaube einer weltlosen, die Welt preisgebenden Jenseitigkeit zu verfallen und zum Verräter der Schöpfung Gottes zu werden. Die eingangs zitierte Spruchkarte ist dafür ein warnendes Signal.

Ohne den Glauben an die göttliche Weltleidenschaft und Weltlust, die so stark ist wie der Tod des Gekreuzigten, muß auch der Eros mit dem Schlimmsten, mit dem Triumph von Gewalt und Vernichtung rechnen, was ihm schon jetzt alle Lust nehmen kann.

Miteinander leben Glaube und Eros heute von der Hoffnung, die der russische Filmregisseur Andrej Tarkowski so zugespitzt formuliert hat: »Die einzige Hoffnung, die bleibt, ist, daß der Mensch in jenem letzten Moment, in dem er noch den Computer ausschalten kann, von oben her erleuchtet wird. Nur das kann uns noch retten.«

ganz werden

elend
wer rafft

halb nur
wer hortet

ganz erst
wer teilt

Zweites Lied für die Erde

Laßt uns singen für die Erde,
daß sie nicht durch Gifte oder Waffen
freventlich und blind vernichtet werde.
Du, o Gott, hast sie geschaffen!

Laßt uns bitten, daß die Erde,
die Du uns zur Pflege hast gegeben,
unsre Kinder noch erfreuen werde.
Jesus ließ für sie sein Leben!

Laßt uns kämpfen für die Erde,
daß der Mensch für ihre Pflanzen, Tiere
statt zum Fluch zu einem Segen werde.
Gott, Dein Geist uns treib und führe!

Laßt uns tanzen auf der Erde
und von Herzen der Verheißung trauen,
daß sie einmal Gottes Reich noch werde,
wo wir Heil und Frieden schauen.

Wütendes Liebeslied

Traurig bin ich,
geh zur Ruh.
Decke mich mit
Deinem Körper zu!

Nackt und hilflos
Mund bei Mund:
draußen gehen
Feld und Wald zugrund.

Während Liebe
leben will,
droht uns höhnisch
schon der Overkill.

Eiszeit! Doch mit
Dir im Arm
fühl ich wieder
wütend mich und warm.

schön – was ist schön?

schonen ist schön
    menschen schonen
    tiere schonen
    pflanzen schonen
    die vielfalt schonen
    die schöpfung schonen
wer schont
macht schön
    schön wird
    wer schont

Was ich brauche

Brauche ich Gott?

Ich brauche Menschen,
deren Mut
den meinen weckt.

Ich brauche Menschen,
deren Mut mir zuruft,
daß Gott mich braucht.

Auch mich.

VI

Das Geheimnis des göttlichen Lachens

Gott ist kein Zuschauer

Die griechischen Götter haben gelacht. Das »homerische Gelächter« war IHR Gelächter. Auch Zeus, der Chef-Gott, soll (den griechischen Dichtern zufolge) viel gelacht haben über die Streitereien, Liebesaffären, Kämpfe, mit denen sich die andern Götter ihre Ewigkeit vertrieben haben. Auch über die Menschen hat Zeus gelacht. »Vor Zeus, dem lachenden Zuschauer, spielt das Menschengeschlecht seine ewige Komödie.« (Karl Kerényi)

Gott als lachender Zuschauer – diese Vorstellung lebte auch in der Christenheit weiter. Deshalb konnte Dantes Welt-, Höllen- und Himmelsgedicht »Göttliche Komödie« heißen, konnte Martin Luther die Weltgeschichte ein »Narrenspiel Gottes« nennen und der Barock Natur und Geschichte als »Welttheater« konzipieren, als gewaltiges Schauspiel zur Verherrlichung und Unterhaltung des dreieinigen Gottkönigs, der Himmelsfürstin Maria und der himmlischen Heer- und Hofscharen insgesamt.

Gott als Zuschauer – diese Vorstellung schien ein adäquates Bild zu sein für die Transzendenz, die Weltüberlegenheit Gottes, von der in der Bibel Psalm 2 spricht. Grimmig, so heißt es dort, toben Völker und Nationen, Könige und Fürsten gegen den Herrn und seinen Gesalbten, aber:

> »Der im Himmel thront, lacht,
> der Herr spottet ihrer.«

Dieses göttliche Lachen läßt kollektiven oder individuellen Größenwahn leerlaufen, ins Leere laufen. Angriff gegen Gott? Das ist so unmöglich, so unsinnig und selbstzerstörerisch, daß er darüber nur lachen, nur spotten kann. Psalm 2 redimensioniert den menschlichen Titanismus, entlarvt seine Lächerlichkeit, ermutigt die Eingeschüchterten, Bedrängten, Verdatterten im Sinne des Verses von Heinrich Leuthold:

»Und bei Posaunenstößen,
Die eitel Wind,
Laßt uns lachen über Größen,
Die keine sind.«

Das Bild des Gottes, der weltüberlegen herabschaut auf menschliche Großhansereien, hat seelsorgerische Funktion: dem Geängsteten, Eingeengten öffnet es den weiten Horizont, die große Perspektive des allein ewigen, allein großen Gottes.

Und doch: eines Tages steckt uns das Lachen des großen Triumphators nicht mehr an, sondern es erbittert uns. Wer unverletzlich, nicht tötbar, jenseits aller Qualen leben darf, hat gut lachen. Verhöhnt sein Leben nicht auch das kleine tägliche Mühen und Leiden all derer, die sich recht und schlecht durchs Leben kämpfen müssen, gegen viel Widrigkeit? Denkt man einmal in dieser Richtung weiter, so kommt einem die Vorstellung des lachenden Zuschauer-Gottes bald unerträglich, sogar pervers vor, als wäre sie dem kranken Gehirn des eingekerkerten Marquis de Sade entsprungen. Tatsächlich weist dieses Gottesbild sadistische Züge auf.

Wie denn? Hier auf Erden Leid, Elend, Blutbäder, Folter, Hunger, Haß – und hoch über diesem Elend ein Voyeur-Gott, der über das blutige, letzten Endes wohl weltzerstörende Narrenspektakel lacht und sich köstlich dabei unterhält? Es gibt Parallelen: Minister, Polizeichefs, Obersten, die auch heute noch (man denke an gewisse Staaten Lateinamerikas) Folterungen gerne beiwohnen, weil ihnen das Lust verschafft, Genugtuung. Sie lachen, wenn die Opfer schreien. Ihr Lachen wird zum zusätzlichen Folterinstrument. Wäre ein Gott, der sich so verhält, nicht ein Teufel?

Ist Gott aber wirklich ein Zuschauer-Gott, ein lachender dazu?

An zentraler Stelle des Neuen Testaments, im Christus-Hymnus Philipper 2,5 - 11, wird die Vorstellung des Zuschauer-Gottes mit jener plastischen Anschaulichkeit, deren einzig die mythologische Bildsprache fähig ist, zu Fall gebracht. Es heißt dort: »Diese Gesinnung heget in euch, die in Jesus Christus war, der, als er in Gottes Gestalt war, es doch nicht für einen Raub hielt, wie Gott zu sein, vielmehr entäußerte er sich selbst, indem er Knechtsgestalt annahm und den Menschen ähnlich wurde; und der Erscheinung nach wie ein Mensch erfunden, erniedrigte er sich selbst und wurde gehorsam bis zum Tode, ja, bis zum Tode am Kreuz.«

Die Gesinnung, die in Jesus Christus am Werk war, ist Gottes eigene Werk-Gesinnung. Der Gott Jesu ist kein Zuschauer- und Voyeur-Gott. Der Hymnus malt mit deutlichen Pinselstrichen: Christus, »als er in Gottes Gestalt war«, hätte zwar bequem in der himmlischen Königsloge sitzen und wie ein Zeus zuschauen können. Das wäre eine seiner göttlichen Möglichkeiten gewesen. Nun aber habe er, verkündet der Hymnus, eine andere Existenzweise gewählt, im Gehorsam gegen Gott, d. h. im Sinne Gottes. Im Zusammenhang unserer Überlegungen könnte man den Hymnus so variieren:

> »Heget in euch dieselbe Gesinnung,
> die in Christus Jesus war,
> der,
> obwohl er leidlos und erhaben
> hätte bleiben können,
> auf dieses Privileg verzichtet hat,
> um mit den Bedürfnissen und
> Leiden der Menschen
> solidarisch zu werden;
> er lebte als ein Mensch,
> er schonte sich nicht,
> er war konsequent bis zum Tode,
> ja, bis zu seiner Tötung am Kreuz.«

Kein homerisches, olympisches oder himmlisches Gelächter ist hier zu vernehmen – »das letzte Wort des Evangeliums ist der Schmerz Gottes« (Kazoh Kitamori, »Theologie des Schmerzes Gottes«, 1972). »Der Schmerz Gottes ist der tiefste Hintergrund des geschichtlichen Jesus. Ohne diesen Hintergrund haben alle Lehren über Jesus keine Tiefe« (Kitamori). Wer den Schmerz

Gottes nicht erkennt, dessen Reden von Gottes Liebe bleibt das Gerede eines froh-optimistischen, weil privilegierten Menschen, der gegenüber dem Leiden in der Welt das bleibt, was Gott gerade nicht ist – ein Zuschauer!

»Schmerz Gottes« ist ein anderes Wort für die konsequente Solidarität, in der Gott sich mit den Menschen verbindet, deren an- und hinfällige Körper dem Schmerz, deren Ichs der Vernichtung ausgesetzt und die genötigt sind, in gesellschaftlichen Verhältnissen zu existieren, welche korrumpieren, entstellen, verkrüppeln. Der Schmerz Gottes unterläuft jenen bürgerlichen und marxistischen Froh-Optimismus, der allezeit alles verharmlost, beschönigt (wie die Fernsehprogramme am deutlichsten zeigen). Wir härten uns ab, panzern uns mit Elefantenhaut, weisen den Schmerz ab. Gott dagegen bleibt ihm ungeschützt geöffnet, wehrlos wie ein Kind, solange es Kinder und Menschen gibt, die leiden müssen. »Bis an das Ende der Welt wird die Agonie Jesu dauern, nicht schlafen darf man bis dahin.« (Blaise Pascal)

Gott ist kein Zuschauer. Wäre er es, so gäbe es nur zwei Möglichkeiten: Er würde, nicht anders als Zeus, lachen über die irdische Kriminalposse – oder, nähme er sie sich zu Herzen, müßte er von Trauer und Schwermut überwältigt werden, das Lachen würde ihm gründlich vergehen.

Schmerz und Lachen

Der Gott Israels und Jesu ist das Gegenteil eines Zuschauers: Er mischt sich ein, er ergreift Partei, er handelt, leidet mit uns, durch uns, gegen uns. Schmerz ist sein tiefster Beweggrund, Befreiung (»kein Leid, noch Geschrei, noch Schmerz wird mehr sein«, Offenbarung 21,4) sein Ziel.

Aus eigener Erfahrung wissen wir: Je mehr wir uns von uns selbst, von unserem Leben für eine Sache, für einen Menschen hingeben, desto tiefer bewegen uns Schmerz und Freude, desto lebendiger werden wir. Gott hat alles (d. h. Christus Jesus) für uns Menschen gegeben, deswegen ist sein Schmerz (an uns, durch uns, mit uns) heftig und ohne Einschränkung, deswegen ist aber auch Lachen je und je eine Form seiner überwältigenden Zuwendung, seiner Leidenschaft für uns und für das, was wir werden können.

Schmerz und Lachen sind Äußerungen der aktiven, der leidenschaftlichen Bundesgenossenschaft Gottes mit uns Menschen. Der Alttestamentler S. D. Goitein leitet den alttestamentlichen Gottesnamen JAHWE von einer arabischen Wurzel »hwj« ab, die »leidenschaftlich sein« bedeutet. Danach ist Jahwe »der Leidenschaftliche«, »der leidenschaftlich Liebende«, das genaue Gegenteil eines Zuschauers!

Aber erst der Schmerz Gottes macht das Lachen Gottes erträglich und glaubhaft, erst der Ernst seiner Leidenschaft begründet seine Freude. Ein Lachen Gottes, dessen Hintergrund nicht Schmerz (=Solidarität) ist, wäre entweder irrelevant oder (für uns) vernichtend, ein böses Lachen jedenfalls, so wie auch menschliches Lachen, in dem keine Solidarität mitschwingt, alles andere als fröhlich ist. Diesem Geheimnis, daß Fröhlichkeit dem Ernst, Lachen dem Schmerz viel näher ist als eine oberflächliche Betrachtungsweise annimmt, kam Gabriele Wohmann auf die Spur mit ihrem Satz: »Ich bin um soviel ernster geworden, daß ich mich für fähig halte, fröhlich zu sein« (im Roman »Schönes Gehege«). Gottes Leidenschaft für uns Menschen, seine Beteiligung an unserem Leben ist immer beides (und eines nicht ohne das andere): Schmerz *und* Lachen.

Gottes Lachen begegnet uns z. B. in der Geschichte der beiden hebräischen Hebammen Siphra und Pua, die den strengen Befehl des Pharao, alle neugeborenen Hebräerbüblein sofort zu töten, kurzum nicht ausführen und, deswegen zur Rede gestellt, wacker und pfiffig fabulieren: »Die hebräischen Frauen sind halt nicht wie die ägyptischen, sondern naturwüchsiger: ehe die Hebamme zu ihnen kommt, haben sie schon geboren.« (2. Mose 1,15 - 22) Auch hier: Vor dem Hintergrund des Schmerzes (um das bittere Sklavenlos der Hebräer) signalisiert der mutige Hebammenstreich Rettung, Zukunft, Lachen. Im Alten Testament werden zahlreiche Streiche, Listen, Pfiffigkeiten erzählt, deren

Gottes-Lachen die Bedrängten ermutigt hat. Gottes Lachen, weil es dem Schmerz, d. h. der Solidarität entspringt, ermutigt die Schwachen und tönt insofern den Mächtigen rebellisch, ja revolutionär in den Ohren (vergleiche Psalm 2).

Schmerz (über Ninives Verrottung) und Lachen (über den so ungöttlichen Gottesmann Jona) durchziehen vor allem das Büchlein Jona im Alten Testament. Wer Gottes Lachen sucht, lese Jona, »denn hier reißt das Lachen gar nicht ab«, das Lachen über das, was man heute »Gottes Bodenpersonal« nennen mag. »Ergreifend ist die Art, wie das Buch Jona den frommen Jona lächerlich macht, in all seiner Lächerlichkeit zur Schau stellt ... Aber gewaltiger noch als dieses laute Lachen ist die Zartheit Gottes, die sich herabneigende Güte, die sich nicht geniert, fast zur Gütigkeit eines ›reinen Toren‹ zu werden...« So schreibt K. H. Miskotte (»Wenn die Götter schweigen«, 1963) und zieht im Blick auf Jona den Schluß: »Wenn Gott nicht anders wäre als das Christentum, wären wir in unserer Bedrängnis und in dem Gericht schon längst zugrunde gegangen.«

Diesen Gott, der anders ist als damals das Judentum, als heute das Christentum, verkündet Jesus in schmerzvoller Solidarität mit eben diesem Judentum, Christentum. Deshalb kommen bei ihm die Repräsentanten der offiziellen Religion oft so flach, ja lächerlich heraus in ihrer Anmaßung, in ihrem menschenblinden Eifer. Daß Zöllner und Huren eher ins Reich Gottes kommen werden als sie (Matthäus 21,31), ist ein hartes, aber befreiendes Wort. Ich könnte mir denken, daß manche von denen, die es hörten, nach einer Schrecksekunde befreit aufgelacht haben. Wir wissen freilich: Das Lachen der einen war der Grimm der andern, die nicht Ruhe gaben, bis dieses Lästermaul mit seiner Botschaft von den Ersten, die Letzte, und von den Letzten, die Erste sein werden (Matthäus 19,30), am Galgen zum Schweigen gebracht worden war.

Jesus ist das Wort des Gottes, der anders ist als das Christentum, das sich auf eben diesen Jesus, auf eben diesen Gott unaufhörlich beruft. Dieser tiefinnere Widerspruch macht das Christentum zu einer bis zum jüngsten Tag nie versiegenden Quelle von Schmerz und Lachen zugleich.

Hat *Jesus* gelacht? Die Evangelien sagen nichts davon. »Nie soll er gelacht haben«, heißt ein Gedicht des tschechischen Pfarrers Zdenek Svoboda. Seine erste Strophe lautet:

> »Nie soll er gelacht haben
> Ich weiß nicht
> Vielleicht
> Aber im Flußbett seines Lebens
> wo das Leid dahinströmte
> blitzte dennoch wie Gold
> Freude Freude Freude«

(In »Tau und Regen zu sein – Anthologie tschechischer Autoren«, Ev. Verlagsanstalt Berlin 1976, S. 99)

Das hier gefundene Bild vom Flußbett des Lebens, des Leidens, in dem es »blitzte dennoch wie Gold / Freude Freude Freude«, scheint mir den entscheidenden Sachverhalt prägnant auszudrükken, nämlich daß auch die Freude Jesu der Solidarität, d. h. dem Leiden, entsprang. So unbedingt wie seine Solidarität (»konsequent bis zum Tode«), so unbedingt auch seine Freude. Dem zuinnerst beteiligten Leben und Leiden *mit* andern, *für* andere entspringt sowohl tiefster Schmerz wie herzlichste Freude.

Ich kann mir nicht vorstellen, daß Jesus, der so oft mit allen möglichen und unmöglichen Leuten zusammen getafelt hat und von »Zuschauern« deswegen als »Schlemmer und Zecher, ein Kumpan der Zöllner und Sünder« (Matthäus 11,19) gescholten worden ist, nicht auch herzlich gelacht hat. Daß er Tischrunde und Gastmahl auffällig oft als Gleichnis des Reiches Gottes verwendet, ist wohl jüdische Tradition (in der z. B. das »Haus des Weines« des Hoheliedes zur Chiffre für das messianische Reich werden konnte), doch eigene Fest-Erfahrung mag dieses alte Bild neu belebt und Jesus deshalb zu neuen Gastmahl-Gleichnissen inspiriert haben. Auf jeden Fall gehört Lachen – wie könnte es anders sein? – zum endzeitlichen Gastmahl messianischer Erfüllung (vgl. Psalm 126,2: »...da war unser Mund voll Lachens und unsere Zunge voll Jubels«). »Mit Frohlocken« hat die Urgemeinde in Jerusalem getafelt (Apostelgeschichte 2,46) – im Flußbett des Leidens (der Hinrichtung Jesu, der drohenden Verfolgung) messianische Freude auch hier!

Und wo ist dieses Lachen Gottes, das Lachen Jesu hingekommen? Es lebt dort, wo Menschen im gemeinsamen Kampf, im gemeinsamen Leiden miteinander solidarisch geworden sind. Erstorben ist es in der Kirche überall da, wo eine Zuschauerposition abseits bezogen worden ist. Hier entsteht keine Solidarität, darum auch kein Lachen mehr: Ereignislosigkeit und Langeweile regieren. Wo man sich hingegen solidarisch einläßt miteinander und miteinander für andere, wo man engagiert kämpfen, darum bald auch leiden lernt – da entsteht Bruderschaft, Schwesternschaft, da wird (gerade weil man den Schmerz kennt) herzlich gelacht, da kommt es (gerade weil die Realität von Widerstand, Enttäuschung erfahren wird) immer wieder zum Fest.

Schmerz und Lachen sind Zwillingskinder jener Liebe, die ebenso leidenschaftlich und geduldig, ebenso kämpferisch und leidensfähig ist wie Jesus, wie Gott selbst, »denn Gott ist Liebe« (1. Johannes 4,8).

Psalm 2

1 Warum rebellieren die Völker
und murren die Nationen vergeblich?
2 Die Könige der Erde treten auf
und Fürsten tun sich zusammen
gegen den Herrn und seinen Gesalbten:
3 »Auf! Sprengen wir ihre Fesseln,
werfen wir ihre Stricke von uns!«
4 Doch der im Himmel Thronende lacht,
der Herr spottet ihrer.
5 Dann redet er sie an in seinem Zorn,
verstört sie mit seinem Grimm:
6 »Ich selbst habe meinen König eingesetzt
auf Zion, dem Berg meines Heiligtums!«
7 Kundtun will ich den Beschluß des Herrn!
Er sprach zu mir: »Mein Sohn bist du,
ich selbst habe dich heute geboren!
8 Erbitte von mir und ich gebe dir
die Völker zum Eigentum,
zu deinem Gut die Enden der Erde.
9 Du magst sie zerschlagen mit eiserner Keule,
wie Töpfergeschirr sie zertrümmern.«
10 Nun denn, ihr Könige, begreift's!
Seid gewarnt, ihr Richter der Erde!
11 Werdet dienstbar dem Herrn in Furcht
und küßt seine Füße mit Zittern!
12 Damit er nicht zürne und ihr umkommt
bei euren Plänen,
denn wie bald entbrennt sein Zorn.
Glücklich alle, die ihm trauen!

1

Jerusalem, Stadt einst des Tempels (6)! Seit zwei Jahrtausenden nun ohne Tempel, seit zweieinhalb Jahrtausenden auch ohne gesalbten (2), von Gott adoptierten Sohn-König (7). Statt dessen die Zerstreuung, die nie abreißende Kette von Leiden, Verfolgungen, partiellen Vernichtungen. Dabei hat gerade Israel seinen Gott als souveränen Herrn und Lenker der Geschichte und diese selbst als einen »Umweg für die Schritte des Messias« (Abraham J. Heschel) verstanden!

Das Schicksal der Juden, so scheint es, ist zu einem leidvollen Dementi dieses Psalmes und seiner triumphalistischen Bilder geworden. Vom Gott, der den Holocaust zuließ, muß – so der Philosoph Hans Jonas – vermutet werden, daß er, mindestens »für eine Zeit«, nicht der allmächtige Herr der Geschichte ist, wie Psalm 2 ihn beschreibt, sondern daß er seiner Macht entsagt oder sie jedenfalls zurückgenommen hat. Das eklatante Auseinanderklaffen von Verheißung und Erfüllung liefert Atheisten und Agnostikern jederzeit leicht verwendbare Argumente und macht das biblisch-jüdische Denken verwundbar. Wahrscheinlich ist dieses Denken, auch in seiner christlichen Form, stets ein verwundetes. Durch seine Wunden bleibt es aber offen für Wunder, vorweg für das EINE Wunder, das wir Gott nennen. So argumentiert denn Hans Jonas, zurückgreifend auf Vorstellungen der Kabbala, bis auf die Schlußzeile »Glücklich alle, die ihm trauen!«(12) konträr zu Psalm 2: Gott nimmt zwar sich und seine Macht zurück, entzieht sich der Geschichte aber dennoch nicht, denn sie bleibt der Ort seiner Treue, der Ort seines Kommens. Nur führt sein Kommen ihn nicht triumphal am Leiden vorbei, es setzt ihn selber dem Leiden aus.

Das Denken einer solchen Möglichkeit führt genausoweit über Psalm 2 hinaus, wie die Geschichte seither über ihn hinausgegangen ist. Zugleich aber trifft sich jenes Denken mit diesem Psalm in der Gewißheit, daß nicht der Verlauf der Geschichte, sondern allein Gott unser Vertrauen verdient (12).

2

Biblisch heißt glauben ebenfalls: sich erinnern, Vergangenes mitbedenken. Im Glauben liest Psalm 2, wer nicht vergessen und nicht verdrängen will, daß die hier noch siegesgewisse Erwartung sich nicht erfüllt hat. Der Glaube wird sogar einräumen: es ist gut, daß es sich *nicht* in dieser triumphalistischen, ja grausamen (Vers 9!) Art und Weise erfüllt hat!

Historisch ist Psalm 2 entweder ein Hymnus anläßlich der Thronbesteigung eines Königs oder das Lied eines jährlich wiederkehrenden Königsfestes im jerusalemischen Tempel gewesen, dem königlichen Heiligtum. Entworfen wird das Bild, fast Glorienbild, eines Königs, der mit Jahwes Hilfe unbotmäßige Völker (1 - 3) siegreich niederwerfen wird. Nach den Gründen für diese Unbotmäßigkeit wird nicht weiter gefragt, vielmehr jede Auflehnung gegen den König in Jerusalem, mit einer Rebellion gegen Jahwe selbst gleichgesetzt (2 -6). Aus diesem religiös und poetisch verklärten Bild des konkreten Königs hat sich die spätere Deutung auf den dereinst triumphierenden Messias entwickelt. Je mehr Israels politische Ambitionen enttäuscht worden waren, desto tiefer wurzelte sich im Volk die Hoffnung auf einen endzeitlichen Gotteskönig, auf den Messias ein. Deshalb war dessen Bild zunächst noch durch die Merkmale und das Herrschaftsgehabe der einstigen Könige geprägt. Im Laufe der Zeit sind diese Vorstellungselemente immer fragwürdiger geworden.

Mit zu diesen Fragwürdigkeiten gehört der patriarchalische »Machismo«, der sowohl das Vorstellungsbild Jahwes wie auch dasjenige des Königs zeichnet. Leider unterstreicht eine Sturheit der meisten deutschen Übersetzer diesen »Machismo« noch unnötigerweise. Sie lassen Jahwe nämlich sagen: »Mein Sohn bist du, ich selbst habe dich heute *gezeugt*!« (7) Wörtlich steht jedoch da: »...Ich selbst habe dich heute *geboren*!« Etwas anderes wäre ja auch realitätswidrig. Ob diese Adoptionsformel – denn um eine solche handelt es sich – nun anläßlich dieses oder jenes Festes ausgesprochen worden ist, gemeint war in jedem Fall: Heute bist du da als von jetzt an mein Sohn! Ein in diesem Moment Gezeugter kann *so* noch keineswegs *da*sein... Geht die Formel möglicherweise auf matriarchale Kulte zurück? Wie auch immer: Wer die Metapher »gebären« auf Gott nicht anwenden, sondern ihm einzig das maskuline »Zeugen« zutrauen mag, reduziert Jahwe noch anthropomorpher, noch einseitiger auf Männlichkeit, als es der Psalm tut.

3
Nach wie vor aber steigen aus den Niederlagen und – durchaus auch christlichen! – Trümmern bisheriger messianischer Hoffnungen Gebete, Gesänge einer Erwartung, die sich nicht abfinden kann mit einer Geschichte, die nur immer den Triumph der Mächtigen wiederholt, die Leiden der Schwachen jedoch verachtet, verhöhnt, vergißt. Diese Erwartung ist nicht utopisch, was wörtlich »ortlos« bedeutet oder: angesiedelt im Noch-Nirgendwo. Diese Erwartung ist, wiewohl in gewandelter, stets neu sich wandelnder Form, *messianisch*. Wie die Welt hat sie ihren Ort in Gott. Davon geht dieser Psalm, gehen alle Psalmen aus. Daran hat trotz Verfolgungen und Holocaust das Bibelvolk der Juden leidend festgehalten und sich so behaupten können. Auf geheimnisvolle Weise behielt der zweite Psalm also recht – gewissermaßen gegen sich selbst.

Vorhaltungen

Zuweilen, verzeih, nehm ich dir's übel,
daß die Gesetze, die Launen des Zerfalls
an dir, so sagt man, spurlos vorübergehen.
Und auch dein Jesus: hingerichtet zwar,
aber die Demütigung unerbittlichen Zerfalls blieb ihm erspart.
Ein Mensch ist er geworden, kein Greis jedoch,
kein Alterswrack und Pflegeobjekt im Heim oder Geriatriespital
(*Geriatrie?* Als ob Altern heilbar wäre!).
Ahnst du, wie furchtbar der Zerfall
einen Menschen entwürdigen, erniedrigen kann?
Hast du – in deiner, so sagt man, ewigen Jugend –
überhaupt bemerkt, daß immer mehr zerfallende Menschen
an Selbstmord denken, den Selbstmord wählen
(falls sie dazu noch imstande sind)?
Du sagtest, so heißt es, daß dies eine große Sünde sei.
Doch mit Verlaub, das sagt sich leicht,
wenn man den Zerfall des Leibes nie am eigenen Leibe,
    den Zerfall des Geistes nie am eigenen Geist erleiden muß.
Fast wünschte ich, du wärest hie und da ebenfalls
so alt und elend, daß du nur noch tränenlos ins Leere starren
    kannst.
Ein törichter Wunsch, ein unziemlicher dazu, ich weiß.
Mir aber tut's wohl, ihn geäußert zu haben.
Vielleicht kannst du ja nichts dafür,
daß du so zeitlos ewig sein mußt, wie sie sagen.
Oder bist du's am Ende nicht?
Hast du mit deiner Ewigkeit möglicherweise Probleme,
von denen wir keinen Hochschein haben können?
Oder bist du zeitlicher als wir dachten bisher?
Ist auch Zerfall vielleicht eine Weise deines Seins und deines
    Leidens?
Sind dir Tränen nicht so fremd, wie es oft scheint?
Dann, bitte, nimm an,
ich hätte das alles mehr vor mich hingemurmelt
als dir vorgeworfen.

Abdullahs Traum

Eines Morgens erwachte Abdullah Ibn Malik, ein frommer Muslim, und lachte hellauf. Er erhob sich von seinem Lager und spürte, wie die Fröhlichkeit in seinem Herzen die alten Füße leicht machte, so daß er einige Tanzschritte vollführte.

Warum bist du heut' morgen so fröhlich? fragte seine Frau.

Höre, was mir geträumt hat, erzählte Abdullah. Alt und einfältig, wie ich nun einmal bin, stand ich vor Gott, dem Richter aller Menschen, der die Pforten des Paradieses öffnet oder verschließt. Er sprach: Willkommen, Abdullah Ibn Malik, du Mann ohne Fehl, ohne Tadel! Denn niemals hast du gestohlen, niemals andere übervorteilt, nie hast du heimlich deine Frau betrogen, sie niemals geprügelt, überhaupt bist du nie gegen andere gewalttätig geworden – tritt ein, das Paradies steht dir offen!

Und? fragte die Frau gespannt, bist du eingetreten?

Nicht doch, sagte Abdullah, ich war so erschrocken, daß ich ehrlich sagte: O Allmächtiger, zwar stimmt es, ich habe nie gestohlen, doch nur, weil ich dafür zu ungeschickt bin; ich habe nie andere übervorteilt, denn ich war zu einfältig dazu; ich habe meine Frau nie betrogen, denn keine andere Frau wollte heimlich schlafen mit mir; und wie hätte ich mein Weib prügeln können, sie ist doch kräftiger als ich? Schau meine dünnen Arme, meinen lächerlichen Leib an, wie soll ich da überhaupt gewalttätig werden können? Als ich so geredet hatte, lachte Gott laut auf und mit ihm lachten alle Engel. Schließlich sprach Er: Ich sehe, deine Zeit ist noch nicht gekommen, geh zurück zu deinem Weib! Freundlich führte ein Engel mich hinweg – und so bin ich, wie du siehst, wieder hier.

Abdullah lachte noch immer. Seine Frau aber sagte: Ist's denn nicht eine Sünde, Gott zu erblicken, wenn auch nur im Traum?

Eine Sünde? sagte Abdullah verblüfft, wurde jedoch gleich wieder heiter. Ja, vielleicht hast du recht, sagte er und lachte von neuem: Endlich eine große, schöne Sünde!

Jedenfalls ließ Gott die beiden noch viele Jahre zusammenleben.

Morgengebet vor dem Badezimmerspiegel

Der verschlafene Kerl: bin ich das?
O Gott, o Gott, was für ein Anblick.
Ein Gesicht, das über sich selber erschrickt und
    dennoch rasiert sein will.
Im Traum war ich eben noch heiter und jung.
Jetzt aber dieser vorwurfsvoll alte Körper.
Wer, um Himmels willen, wird noch Gefallen finden an ihm?
Ich nicht.
Im Moment jedenfalls nicht.
Eher hätte ich Lust, die grauen Stoppeln stehen,
    mich ungewaschen vergammeln,
    verwildern zu lassen.
Das wenigstens könnte noch einigermaßen lustig sein.
Mädchen würden kichern, Kinder mit Fingern auf mich zeigen,
    Frauen fürsorglich blicken.
Schon aber sind die Stoppeln fast weg.
Ich schneide die letzten Grimassen.
Beim Rasieren ist das erlaubt, mit Lust läßt man alle
    Gesichtszüge entgleisen.
Danach verfällt wieder alles in Normalität.
Zähneblecken, Zähneputzen, aus Angst vor dem Zahnarzt.
Das Grauhaar, das ich bürste, wird auch immer dünner.
Ein Mann im Herbst, nur ist dieser bei weitem nicht so
    farbenreich wie die Natur.
Auf, auf jetzt!
Das Leben ruft, das Ungeheuer.
Verzeih, o Gott, das senile Geschwätz.
Gib mir ein Lachen für diesen Tag!
Wenn's nicht anders geht: über mich selber.

So zart ist die Gottheit

Spricht der eine: »Alles, was man
über Gott sagen kann, ist Gott.«
Spricht der andere: »Alles, was man
sagen kann, ist nicht Gott.«
Spricht Meister Eckhart: »Beide
reden wahr.«
Und ich denke: So zart ist also
die Gottheit!
Die Zangen der Logik fassen sie nicht.

VII

Zorn

Ein jeder Blick aus dem Fenster zeigt, wie vollständig Natur durch Fabrikate ersetzt worden ist. Naturtreiben nur noch am Himmel oben. Auch hier aber signalisieren schnurgerade Kondensstreifen die Präsenz des Eroberer-Menschen, des Jet-Menschen in diesem Fall. Bleiben die Winde. Sie kann man zwar nutzen, doch nicht lenken, nicht beherrschen. Insofern erinnern sie nach wie vor an den, »der Wolken, Luft und Winden gibt Wege, Lauf und Bahn« (Paul Gerhardt). Sonst jedoch leben wir in einer artifiziellen Umwelt, die auch uns selber stets artifizieller werden läßt (bis hinein in die Bereiche von Sexualität und Fortpflanzung).

*

Je artifizieller die Welt, desto verletz- und zerstörbarer wird sie auch. Endet die fortschreitende Zurückdrängung der Natur vielleicht mit dem Ende – nein, nicht der Natur, sondern – des hybriden Menschen? Wird dessen Erscheinen und Verschwinden eine erdgeschichtliche Episode gewesen sein? Wenn ja, was folgt daraus? Nichts folgt daraus. Wir werden morgen wieder zur Arbeit oder zum Stempeln aufs Arbeitsamt gehen, werden lieben und streiten, werden wohlgemut oder verzweifelt sein – wie bisher, wie immer.

*

Ist Gottes Weltleidenschaft jedoch an die Ewigkeit der Welt gebunden? Ist der menschliche Wunsch, als Individuum und als Gattung ewig leben zu können, nicht ebenfalls eine Form von Hybris? Im ersten Fall einer Ego-Hybris, im zweiten Fall einer Gattungs-Hybris? Nein, nichts gegen die Ewigkeit! Doch was bedeutet sie? »Wenn man unter Ewigkeit nicht unendliche Zeitdauer, sondern Unzeitlichkeit versteht, dann lebt der ewig, der in der Gegenwart lebt.« (Ludwig Wittgenstein)

Bin ich der einzige, der zuweilen meint, daß Gottes Zorn wie in altbiblischen Zeiten entbrennen und hineinfahren müßte in das frevle Treiben des Homo imperator? Alsbald aber erschrecke ich: Ist *mein* Zorn denn auch *sein* Zorn? Geht dieser nicht ganz andere Wege, und ist nicht Jesus so ein anderer Weg?

*

Ein Grund dafür, daß Gottes Zorn in Theologie und Verkündung kaum noch ein Thema ist, könnte möglicherweise in der Furcht vor einer Vermengung von menschlichem und göttlichem Zorn zu finden sein. Zu Recht wirken abschreckende Beispiele der Kirchengeschichte nach. Schwerer dürfte allerdings die Frage wiegen: Wo denn blieb Gottes Zorn, als der Holocaust begann? Er kam, falls die militärische Niederwerfung des Mörder- Regimes ein Zorngericht war, für die sechs Millionen wehrlosen Opfer zu spät. Darob – und ob ähnlichen Genoziden – muß wohl ein jedes Reden, Daherreden von Gottes Zorn verstummen. Müßte dann aber nicht auch das Reden von Seiner Liebe verstummen? Ist nicht *sie* es, die, nach den biblischen Zeugnissen, in Seinem Zorn brennt, weil Er dem Geschehen in der Welt leidenschaftlich zugewendet und also nicht indifferent bleibt?

*

Die im Westen ständig wachsende Sympathie für den Buddhismus erklärt sich wohl nicht zuletzt daraus, daß dieser weder von der Liebe noch vom Zorn noch überhaupt von einem leidenschaftlichen Gott spricht. Vielmehr gelten hier gerade Liebe, Zorn, Leidenschaft als die Quellen allen irdischen Leidens. Unmöglich deshalb, das – buddhistisch gesprochen – ewige Sein mit dergleichen Emotionen zu verbinden.

*

Unbeantwortbare (Theodizee-)Fragen, die leidigen Aporien, in die sich ein Denken verstrickt, das um einen Gott liebender und zorniger Weltleidenschaft kreist, entfallen im Buddhismus. Das eben macht ihn – nicht bloß für westliche Salonbuddhisten – attraktiv. Hier »lächelt« (um ein Klischee zu gebrauchen) eine geheimnisvoll weltüberlegene Weisheit, die das christliche (aber auch jüdische und islamische) Reden von Gott in der Tat zutiefst verunsichern kann.

*

Die Begegnung zwischen christlichem und buddhistischem Denken – der Historiker Arnold Toynbee hielt sie für das wichtigste Ereignis unserer Zeit! – wirft Fragen auf, die so rasch nicht zu beantworten sein werden. Zudem ist der Buddhismus eine hochkomplexe Größe, die so wenig wie das Christentum mit einigen Begriffen oder gar Schlagworten abgehandelt und erfaßt werden kann.

*

Zweifellos aber ist die Lehre Buddhas eine Anfrage an uns Christen, ob der hegemoniale Machtwille der westlich-weißen und christlichen Welt nicht vielleicht zusammenhängen könnte mit der Vorstellung eines in Liebe und Zorn leidenschaftlich *wollenden* Gottes und eines dementsprechenden Bildes vom »Christus Imperator« als der religiösen Legitimationsfigur des Homo imperator? Die Anfrage gibt zu bedenken, ob es angesichts der ökologisch und kulturell verheerenden Folgen des westlichen Machtwillens nicht weiser und schöpfungsschonender wäre, anstatt des Wollens das Nichtwollen, anstatt unersättlicher Bemächtigung das Loslassen, anstatt welterobernder Leidenschaft die stille Achtsamkeit für Nahes und Nächstes zu kultivieren.

*

Die buddhistische Anfrage schließt, expressis verbis oder unausgesprochen, wohl auch die Frage mit ein, ob z. B. die Bergpredigt und die Gleichnisse Jesu der Lehre Buddhas nicht vielleicht näher stehen als dem Bild eines Christus Imperator und dem Hegemonialverhalten des christlichen Homo imperator?

Ist Gottes Weltleidenschaft am Ende eine Illusion? Oder ist sie – remember Auschwitz! – erloschen oder hat sich vielleicht abgewendet? Fragen, die dem Buddhismus fremd bleiben, so fremd wie der Schrei Jesu am Kreuz, der, nach dem Evangelisten Markus, ein »Warum« enthalten haben soll: »Mein Gott, mein Gott, warum hast du mich verlassen?« (Markus 15,34)

*

Für Buddhisten muß mein gelegentlicher Wunsch, Gott möge zornig dreinfahren, überaus töricht, ein Zeichen von Unreife, von immer noch latenter Aggressivität und somit nur wieder eine insgeheime Leidensquelle (für mich, für andere) sein. Vermutlich ist diese Diagnose richtig. Unmöglich, gegen sie mit Gottes Weltleidenschaft argumentieren oder mich auf Jesus berufen zu wollen. Am Kreuz, in extremis, hat dieser nicht nach Gottes Zorngericht gerufen, er hat gefragt »Warum?«

Die Enteignung

1

Erde, blauer Planet.
Erde, der lebensträchtige Humus.
Vom Humus genommen,
zu Humus werdend:
Homo, der Mensch.

2

Heilig die Erde,
heilig der Humus
(jeder Kubikmeter durchwimmelt
von 30 Millionen Mikrolebewesen!),
heilig der Boden.

Unheilig:
der Raubzug.
Gottes Enteignung.
Gottes Vertreibung,
Umzäunungen, Verbote:
PRIVAT!
(zu deutsch: GERAUBT)

3

Sind Milliarden
von Fadenwürmern und Bärtierchen,
von Milben, Springschwänzen, Enchyträen,
Abermillionen
von Insekten, Würmern, Asseln,
von Hundert- und Tausendfüßlern
im Humus
vielleicht das Werk

der Herren, der Frauen PRIVAT?
Lachhaft.
Trotz Agrochemie und Bioziden
werden noch immer
genug Mikrotierchen übrigbleiben,
um fertig zu werden mit uns,
um auch den letzten Homo
zurück in Humus zu verwandeln.

4

Gott unter uns?
Ja:
unter uns Räuber gefallen!
Ausgeplündert,
an Zuhälter verkauft,
von Wucherern verhöhnt:
Was braucht das Gottesgespenst Immobilien?
Ist doch mobil! Kann doch fliegen!
Hat doch Sein Jenseits!

5

»Eine Wurzel aller bösen Dinge
ist die Habgier«, diktierte Paulus (1. TIMOTHEUS 6,10).
Usura, zürnte Ezra Pound.
Schwungrad der Ökonomie, rühmte Milton Friedmann.
Wer hat, dem wird gegeben.
Wer nichts hat, dem wird genommen
(die Arbeitskraft, die Gesundheit, das Leben).
Wo leben wir denn?
Seit die gesellige Gottheit
keinen Boden mehr hat unter unseren Füßen:
in der Bodenlosigkeit ungeselliger Gier,
im real existierenden Nihilismus.

6

Widerstand, Widergang einst im Versuch,
das Geraubte zurückzugeben,
Gottes Enteignung wieder gutzumachen,
österlich, pfingstlich
in Jerusalems Urgemeinde:
»Alle Gläubigen hatten alles gemeinsam.«
(APOSTELGESCHICHTE 2,44)
Sollte heißen:
Keine Teilung von Brot und Wein
ohne Teilung aller Mittel zum Leben.
Oder:
Keine Gemeinschaft des Glaubens
ohne Gemeinschaft der Güter.

Doch bald,
doch kläglich
scheiterte der hochgemute Widergang.
Hat scheitern müssen, sagen Ökonomen
und erklären, weshalb.
Weiter schwelt,
weiter wütet der Krieg
aller gegen alle -
bis zur Vernichtung von allem?

Noch aber,
noch immer
blinkt durch friedlose Nacht
das Licht jenes heiligen Scheiterns.
Blinkt hoch
über Verboten, Elektrozäunen.
Erzählt von einem Reichtum,
der verläßlicher ist
als Gold aus Südafrika.

schatten

»die ihre kniee nicht beugten
vor baal...«

      wer aber wagt es
      von seinen lügen zu sprechen?
      und wer von den wunden
      die der lügner sich
      und anderen schlägt?

»die ihre kniee nicht beugten
vor dem mammon...«

      wer aber wagt es
      von seiner feigheit zu reden?
      und wer von den leiden
      die der feige sich
      und anderen zufügt?

Gerechtigkeit

1

Der Glaube?
Schläft mit der Hure
Profit.
Die Hoffnung?
Ausgewandert
zu anderen
Völkern.
Die Liebe?
Erblindet
am geläufigen
Unrecht.

2

»Wehe dem,
der – wie lange noch? –
aufhäuft, was nicht sein ist!
Werden jene nicht plötzlich aufstehen,
die Rechenschaft fordern von dir,
und jene erwachen,
denen du nicht entrinnen kannst?
Viele Völker hast du ausgeplündert,
und darum werden auch dich
ausplündern viele Völker
um deiner Blutschuld willen,
um der Verwüstungen willen
der Erde, der Wohnstätten,
um der Gewalttat willen
wider ihre Bewohner.
Wehe dem,
der bösen Gewinn hortet

in seinem Haus und meint,
in sicherer Réduit-Höhe
gerettet zu sein
vor dem Unheil.« (HABAKUK 2,6 - 9)

3

Recht:
ein Recht oft
der Stärkeren.

Recht:
ein Recht oft
der Reichen.

Gerechtigkeit aber
fordert Recht
für die Schwachen.

Gerechtigkeit
fordert Recht
für die Armen.

Jesus starb
für die Macht
der Gerechtigkeit.

Jesus starb
durch das Recht
der Mächtigen.

4

Es bleibt Sein Wort
an die Herren, die Raffer in unserer Welt,
die sich rühmt, die erste zu sein:

»Erste werden Letzte,
Letzte werden Erste.« (MATTHÄUS 20,16)

Es bleibt Gottes Parteilichkeit
nach unten.
Darum – ob gewollt, ob ungewollt –
ist Theologie immer parteilich:
entweder für
oder gegen die Unterdrückten,
entweder Theologie des Lebens
oder Theologie des Todes.
Ein Drittes gibt es nicht,
keinen neutralen Standort.

5

Der Glaube?
Solidarität mit den
Entwürdigten.
Die Hoffnung?
Erwachend
in den Armen.
Die Liebe?
Kampf
für Gerechtigkeit.

6

»Jesus, unser Befreier!«
bekennen Enteignete, Entrechtete,
und brechen Sein Brot füreinander
und lernen es,
das gesellige Buch
mit neuen Augen zu lesen,
und singen das neue Lied:

»Für diese Erde ohne Licht
wird der Herr geboren.
Um die Finsternis zu besiegen,
wird der Herr geboren.
Um unsere Welt zu verändern,
wird der Herr alle Tage geboren,
Um die Freiheit zu bringen,
wird der Herr geboren.
Um die Ketten zu zerbrechen,
wird der Herr geboren.
In jedem Menschen, der frei ist,
wird der Herr alle Tage geboren.«
              (VAMOS CAMINANDO, PERU 1977)

7

Die Gerechtigkeit kommt
von den hereinbrechenden Rändern,
von Armen, die uns den Reichtum bringen
der geselligen Gottheit,
von Schwachen, die uns die Stärke lehren
von Solidarität und Liebe.

die redlichen

von redlichen redet man nicht
und auch sie machen nicht reden von sich

von redlichen redet man nicht
sie sind die stillen im land

von redlichen redet man nicht
man verlässt sich auf sie

von redlichen redet man nicht
geduldig lassen sie sich vieles gefallen

von redlichen redet man nicht
man beutet sie stillschweigend aus

von redlichen redet man nicht
denn man glaubt sie nicht fürchten zu müssen

von redlichen redet man nicht
man klopft ihnen gönnerhaft auf die schulter

von redlichen redet man nicht
man braucht sie aber

von redlichen redet man nicht
man erwartet verzichte von ihnen

von redlichen redet man nicht
nur die bibel redet häufig von ihnen

von redlichen redet man nicht
doch um ihretwillen lässt gott

die welt trotz allem
noch immer bestehen

das reich der himmel

        gustav heinemann:
        die herren der welt kommen und gehen -
        unser herr kommt

der himmel der ist
ist nicht
der himmel der kommt
wenn
himmel und erde
vergehen

der himmel der kommt
ist
das kommen des herrn
wenn
die herren der erde
gegangen

VIII

Wer ist Jesus Christus für Sie?

1. Derselbe, der er auch für die Verfasser der Evangelien war: ein Wander-Radikaler, dessen Lebensweise eine fast hundertprozentig andere war als – zum Beispiel – die meine; ein Jude, der inspirierte und einzigartige Sätze sagte; ein Jude, der aus der alttestamentlichen Tradition überraschende und universal gültige Schlüsse zog; ein Heiler körperlicher Leiden; ein freier Mensch, stolz gegenüber Mächtigen, liebevoll gegenüber Machtlosen und Verachteten; ein Mann, der männlich genug war, um das Weibliche in sich nicht verdrängen zu müssen; ein Emanzipator der Frauen; ein Hinführer, sogar Verführer zum Leben, deswegen hingerichtet, deswegen auferstanden.

2. Derselbe wie für Robert Walser:
»Gewiss er ein gar Guter war,
er brachte sich zum Opfer dar,
uns wird er niemals klar.«

3. Der bekannteste Unbekannte.

4. Der, von dem Marie Luise Kaschnitz schrieb:
»Jesus wer soll das sein?
Ein Galiläer
Ein armer Mann
Aufsässig
Eine Großmacht
Und eine Ohnmacht
Immer
Heute noch.«

5. Derjenige, dem ich Gott glaube. Für mich deshalb Gottes Wortführer, Gottes Wort.

6. Ein Verworfener.

7. Derjenige (der einzige?), der unseren verrückten und kindlichen Wunsch, sehr zu lieben und sehr geliebt zu sein und hierdurch sehr glücklich zu werden, absolut ernst nimmt.

8. Vermutlich stets wieder: Magnet eigener Wünsche, Hoffnungen, Phantasien, mit denen ich den bekanntesten Unbekannten unablässig neu entwerfe, ihn dabei oft wohl auch verrate oder entstelle – ein Gekreuzigter noch immer, wehrlos mir preisgegeben, in seiner Preisgegebenheit jedoch Glauben weckend, Vorstellungskräfte nährend, Motivationen stiftend wie kein anderer.

9. Ein Gespräch, meist sprunghaft, oft unterbrochen, in das ich stets von neuem verwickelt werde.

10. Derjenige, dem gegenüber ich nie das Bedürfnis, erst recht nicht eine Nötigung verspüre, mich wegen meiner Handlungen oder Versäumnisse, wegen meiner Gedanken oder Wünsche, wegen meines Versagens oder meiner Schuld rechtfertigen zu müssen.

11. Derjenige, der neu anfing.

12. Derjenige, der sein letztes Wort noch nicht gesagt hat.

weihnacht

damals

als gott
im schrei der geburt
die gottesbilder zerschlug

und

zwischen marias schenkeln
runzelig rot
das kind lag

katechismusfragen

warum sieht IHN denn keine(r)?
weil ER die blinden liebt

warum hört IHN denn keine(r)?
weil ER auch gehörlosen nah

warum erfasst IHN denn keine(r)?
weil wir umfasst sind von IHM

warum beweist IHN denn keine(r)?
weil auf erden wie im himmel
nichts zu vergleichen mit IHM

warum beweist IHN denn keine(r)?
weil der bewiesene nie
der zu beweisende wäre

warum träumt IHN denn keine(r)?
weil ER seit urher
der quell aller träume

am holz

der sich
ganz auf gott
verliess
    hängt am holz
    von gott
    verlassen

der
die gnade
ist
    schreit im schmerz
    der gnaden-
    los

der
für liebe
stritt
    stirbt
    von hass
    durchbohrt

der arbeiter

der
mit dem
krummen rücken
(denk ich)

bucklig
von den gewichten
die er sich auflud
mit uns

seiner
verkrüppelung wegen
invalide
geschrieben

seiner
unverkrüppelten
reden wegen
zum schweigen gebracht

arbeitet weiter
mit uns
am aufrechten gang

Brot und Wein

Brot, Wein: Früchte
der Sonne, der Erde,
der Göttinnen, Götter einst.

Und jetzt
der Leib, das Blut.

Und jetzt
Seine Auferstehung.

Und jetzt
das Teilen.

Etwas wird
möglich, etwas
wie Heimat für alle.

IX

Pfingsten

In den Pfingstereignissen (Apostelgeschichte 2) flammte Gottes Weltleidenschaft von neuem auf, zeichenhaft in züngelnden Flämmchen »*wie* von Feuer«, die sich auf die Schar der Jünger und Jüngerinnen verteilten – Reaktualisierung gleichsam der seinerzeit am Flammenberg Sinai ergangenen Bestimmung Israels zum heiligen, priesterlichen Eigentumsvolk Gottes (2. Mose 19,5 - 6). Wie am Sinai das *Volk* Empfängerin der Verheißung und Weisung war, so ist es an Pfingsten wiederum eine (wenn auch noch kleine) *Gemeinschaft*, die den Geist empfängt. Pfingsten war die Geburtsstunde der Kirche in ihrer Grundgestalt als *Gemeinde*. Deren einzelne Glieder *partizipieren* am Geist, der die Gemeinde bewegt.

*

Geht die spätere Bezeichnung der Kirche als *Mutter* vielleicht auf die syrischen Kirchenväter zurück, die den heiligen Geist Mutter nannten, vom »Mutteramt« des Geistes sprachen? Schon im Johannesevangelium (3,5) ist ja von der *Geburt* aus dem Geist Gottes die Rede. Das weist zurück auf das im Hebräischen weibliche Wort »ruach« für Geist: »die Geistin« also. Sie ist, zuweilen bis zur Verwechselbarkeit, mit der ebenfalls weiblichen Sophia (Weisheit) Gottes verwandt.

*

Das Bild von der Mutter schließt dasjenige der erotisch/sexuell Liebenden zwangsläufig mit ein. Flammen »wie von Feuer« sind seit jeher Metaphern für leidenschaftlich brennende Liebe, so auch im Hohen Lied, der erotischen Liedersammlung der Bibel: »Ihre (der Liebe) Gluten sind Feuersgluten, ihre Flammen wie Flammen des Herrn.« (8,6) Unbefangen wird Gott hier das verzehrende Begehren liebender Leidenschaft zugetraut, zugeschrieben. Ist es nur Zufall, daß just die Taube, Begleiterin und Botin der vorderorientalischen Liebesgöttinnen (wie auch von Aphrodite/Venus), zum Symboltier des heiligen Geistes geworden ist? Was hat denn der Geist Gottes mit Erotik zu tun? Eine Antwort auf diese Frage ist die während fast zwei Jahrtausenden dominante Männer-Theologie schuldig geblieben.

*

Wie auch immer der vom Tod auferstandene Jesus in Gottes Himmel erhöht worden sein mag, der Blick seiner Jünger wurde sogleich wieder aus der Vertikale in die Horizontale zurückgeholt (Apostelgeschichte 1,4 - 14). Gottes Leidenschaft gilt, in Seiner Weisung wie in Seinem Geist, nicht dem »Oben«, sondern dem »Unten«, nicht einem Jenseits, sondern dem Diesseits.

*

Im turbulenten Wallfahrtstreiben Jerusalems dürfte freilich auch das Pfingstereignis kaum von vielen wahrgenommen worden und noch immer ein eher gruppeninternes Geschehen gewesen sein. Vermutlich ist eine gewisse Aufmerksamkeit der urbanen Öffentlichkeit erst erwacht, als die Armen der Stadt der pfingstlichen Gemeinde zuzuströmen begannen, weil sie dort täglich zu essen bekamen. Die vom heiligen Geist Ergriffenen hatten ihren privaten Besitz verkauft, um den Erlös Bedürftigen zukommen zu lassen, »je nachdem einer es nötig hatte« (Apostelgeschichte 2,45; 4,32 - 5,11). Der Zustrom von Armen und Hungrigen wurde schließlich so groß, daß die Apostel sich genötigt sahen, für Armenspeisung und Fürsorge spezielle Mitarbeiter einzusetzen (Apostelgeschichte 6,1 - 7). »Mutter Geist« ließ die ärmsten ihrer Kinder nicht im Stich, wurde erfinderisch und praktisch, legte Hand an.

Aus dem Oster- und Pfingstgeschehen, an und für sich irritierend und rätselhaft, resultierte zunächst also – eine Armenspeisung und rudimentäre Armenfürsorge! Etwas Neues? Nicht doch, die ersttestamentliche Weisung hatte schon immer jedem Juden die Fürsorge für Arme, Witwen und Waisen zur Pflicht gemacht. In Jerusalem scheint diese Art von gegenseitiger Fürsorge jedoch nicht mehr ausgereicht zu haben, vielleicht wegen der desolaten Wirtschaftslage, die sich in Städten am schlimmsten auswirkte. Der Zustrom von Verarmten zehrte schließlich die Mittel der Urgemeinde auf und brachte das Experiment ihrer Gütergemeinschaft zum Scheitern, so daß der Apostel Paulus auf seinen Reisen Geld für sie sammeln mußte. Spätere Kommunitäten (z. B. die Klöster) zogen daraus die Lehre: Ohne auch eine *gemeinsame Produktion* kann Gütergemeinschaft nie gelingen.

*

Im römischen Weltreich verbreitete die christliche Bewegung sich von Stadt zu Stadt, war ein *städtisches Phänomen,* weshalb das Wort »paganus«, Landbewohner, zum Synonym für Nichtchrist, für »Heide« wurde. Ist die in Städten sich massierende Armut der geeignete Nährboden gewesen für die christliche Glaubenshoffnung? Wogegen die Landbevölkerung noch lange Zeit an ihren altvertrauten Agrar- und Fruchtbarkeitsgottheiten und -kulturen festgehalten hat – bis schließlich auch sie von den städtischen Zentren aus religiös gleichsam kolonisiert worden ist. Hierbei dürfte nicht zuletzt das römische Bodenrecht als Instrument gedient haben. Es profanierte »Mutter Erde« zur Sache, zur Handelsware, und zerriß damit endgültig den einst engen Zusammenhang von Agrikult und Agrikultur.

*

Ich glaube nicht, überhaupt nicht, daß »Mutter Geist« – als Geistin des *Schöpfers!* – am römischen Bodenrecht und also daran Gefallen hat, daß »Mutter Erde« der menschlichen Hab- und Raubgier ausgeliefert wird. Erinnert sie seit Pfingsten nicht eher daran, daß »privat« ursprünglich und immer noch »geraubt« bedeutet?

*

Die Weisung und Leidenschaft Gottes und Seines Geistes resp. Seiner Geistin zielt auf Zusammenleben und Gemeinschaft, auf den Schalom. Das Soziale, d. h. das *menschliche* Zusammenleben, ist nur eine, allerdings bedeutsame Komponente des Schalom. Dennoch kann das Zusammenleben der Menschen nicht von ihrem Zusammenleben mit anderen Geschöpfen und mit der Schöpfung insgesamt getrennt werden. Ohne diese vermöchte der Mensch nicht zu leben. Darum müßte er ein vitales Interesse daran haben, mit seiner kreatürlichen Mitwelt ebenfalls zu einem friedlichen und für beide Seiten gedeihlichen Ausgleich, zu einem Schalom zu kommen (vgl. dazu 1. Mose 1 und 2; Psalm 104; Sprüche 8,22 - 31; Römerbrief 8,19 - 28). Schultheologisch formuliert heißt dies: Vor Gott werden wir erst gerecht sein können, wenn wir auch den Mitmenschen und auch der kreatürlichen Mitwelt gerecht geworden sind. Wie jedoch soll das möglich sein, wenn nicht »der Geist unserer Schwachheit zu Hilfe kommt« (Römerbrief 8,26)?

*

Tiere, Pflanzen haben uns Menschen voraus, daß sie des heiligen Geistes nicht bedürfen. Insofern ist der Mensch defizienter als seine Mitgeschöpfe, ist eine gefährliche, wenn nicht sogar die alles gefährdende Schwachstelle der irdischen Schöpfung. Andererseits freilich mobilisiert eben diese menschliche Defizienz und Bedürftigkeit Möglichkeiten und Energien, die über diejenigen anderer Kreaturen hinausgehen. Der Mensch: Gottes kühnster Entwurf, gerade als solcher aber ein Risikogeschöpf? Wie anders seine Erschaffung und Existenz erklären als mit einer Lebensleidenschaft und Weltlust, die ihresgleichen nicht hat? Was jedoch wird, wenn Gottes Geist die destruktiv ausartenden Humanenergien nicht in Schalom-Energien, den Homo imperator nicht in einen Homo amans et admirans, einen liebenden und ehrfürchtigen Menschen zu verwandeln vermag? Nichts aktueller und notwendiger deshalb als die alte Pfingstbitte: »Veni creator spiritus«, komm Schöpfer Geist!

*

Einen vollkommen anderen Weg zur Transformation destruktiver Humanenergien weist der Buddhismus (in seinen mannigfaltigen Auffächerungen), ohne sich dabei auf einen göttlichen Willen, auf einen Gott überhaupt, geschweige denn auf eine göttliche Liebe und Weltleidenschaft zu berufen. Leidenschaft gilt hier vielmehr als Quelle jedes Leidens und allen Übels. Erlösung bedeutet deshalb: Sich freimachen von jedweder Leidenschaft. Buddhas Lehre ist die vollkommene Antithese zum (auch jüdischen, auch islamischen) Glauben an eine göttliche Weltleidenschaft und zur biblischen Perspektive, die Friedrich Christoph Oetinger (1702 - 1782) einst in den Satz faßte: »Leiblichkeit ist das Ende der Werke Gottes.« Zwar steht die Auseinandersetzung mit dem Islam zuoberst auf der kulturell-politischen Dringlichkeitsliste. Theologisch-spirituell und langfristig hingegen dürfte – so Gott will und die Menschheit noch eine Weile lebt – der Buddhismus die noch größere Herausforderung für das Christentum (ebenso für das Judentum und den Islam) bedeuten.

*

Der heilige Geist, weil er weht, wo er will, kann niemals Besitz religiöser Institutionen oder Lehrämter werden. Auch Begriffe vermögen ihn nicht anzubinden, nicht als geistigen resp. geistlichen Besitz festzuhalten. Der Begriff »Weltleidenschaft« taugt ebenfalls nur so weit, als er auf das freie, unverfügbare Walten Gottes und Seines Geistes zu verweisen vermag. Nur als geistig/geistlich Nichtbesitzende (im Sinne etwa von Meister Eckart) werden wir frei für den Schöpfer resp. die Schöpferin Geist und damit offen auch für interreligiöse Dialoge.

Hoffnung

O nein, o nein,
ich hab' mein Leben
nicht im Griff,
überhaupt nicht.
Eher umgekehrt:
ES hat MICH.

ES:
das Leben jetzt,
das Sterben einst,
doch darin, hoff' ich,
DU.

Heiliger Geist

1

Heiliger Geist?
Kein römischer Brunnen,
wo Wasser sich
über Stufen und Schalen
hierarchisch
von oben nach unten
ergießen.

Heiliger Geist:
Quellen,
aufstoßend, aufbrechend
von unten
(an der Basis, ja!),
unauffällig, heimlich zunächst,
erzwingbar nie.

Und jener weise Pfarrer,
der sagte: Meine Arbeit?
Die eines Rutengängers,
der die Gemeinde durchstreift,
nach Quellen suchend,
die ohne mein Zutun sprudeln,
über deren Fassung, Nutzung
wir allenfalls dann
miteinander beraten.

Sogleich aber fügte
der Pfarrer hinzu
(weil er tatsächlich weise war):
»Fassen«, »nutzen« -
hilfloser, untauglicher Wortkram!

Aufsprudelt der Geist,
wo und auch wie er will
und hält sich nicht
an Amt und Struktur -
dabeisein ist alles.

2

Dabeisein, ja,
wenn da,
wenn dort
von untenauf
Quellen springen,
Leben sich rührt.

Dabeisein, ja,
wenn die gesellige Gottheit
zu raunen,
zu reden,
zu wirken beginnt.

Dabeisein, ja,
wenn ihr Geist
Durst nach Gerechtigkeit weckt,
Mut macht zu eigenem Handeln
und neue Geselligkeit stiftet
z. B. mit Flüchtlingen, Verfolgten.

Dabeisein, ja:
nicht beiseite treten,
nicht weglaufen,
der Angst nicht nachgeben,
kein Hindernis werden,
offen bleiben -
»Den Geist dämpfet nicht!« (1. THESSALONICHER 5,19)

sich öffnen

```
S           N
 I           E
  C           B
   H           O
    Ö
     F       H
      F     C
       N   A
        E N
         N

         h
         e
         i
         s
         s
         t

         N
        E N
       N   A
      F     C
     F       H
    Ö         U
   H           N
  C             T
 I               E
S                 N
```

Wort, Geist

Bibelwort ist Menschenwort, das Buch kein redender Gott. Doch geschieht's, daß Sätze, Passagen des Buches evident werden als *göttliches Wort*, uns treffen als *göttliche Stimme*. Dieses Ereignis, lehrt die Theologie, sei von Gottes heiligem Geist bewirkt.

*

An den biblischen Wörtern für Gottes Geist (»ruach«, »pneuma«) haften die Bedeutungen »Wind«, »Atem«, »Hauch«, Bewegung also und Leben. Versuche, den Geist begrifflich oder institutionell in Besitz zu nehmen, gleichen dem Haschen nach Wind (vgl. Prediger 1,14). Der Geist waltet, kann aber nicht – etwa durch ein kirchliches Lehramt – *ver*waltet werden.

*

Die Schul-Theologie neigt dazu, das Walten des Geistes auf den Bereich biblischer Texte zu beschränken. Doch wie der Wind, weht auch Gottes Geist, wo er will, sagt in der Bibel selbst der johanneische Christus (Johannes 3,8). Seine Aussage korrespondiert auffällig mit der hebräischen Deutung des Namens jhwh, wonach Zeit, Ort und Art der jeweiligen Präsenz Gottes SEINER freien Wahl anheimgestellt bleiben (2. Mose 3,14). Der Geist Gottes: so souverän wie Gott selbst.

*

Können uns Worte anderer religiöser Überlieferungen nicht ebenfalls göttlich evident werden, uns heilig inspirieren? Der Geist weht über biblische und christliche Zäune hinweg, bläst Alteigenes weg, trägt Fremdes zu. Wind wie Atem bedeuten permanenten Austausch. Ohne ihn ist kein Leben, auch kein religiöses, möglich. Der heilige Geist weht in die Weite und Offenheit hinaus. Ebenso weht er aus der Weite und Offenheit zu uns hin. Deshalb mißtrauen ihm insgeheim die geistlich Besitzenden (vgl. Matthäus 5,3) in Kirche und Theologie, die oft rasch mit Vorwürfen wie »Schwärmerei« oder »Synkretismus« zur Stelle sind.

Wünsche

Ach, daß ich, wenn's drauf ankommt,
  im Gegner den Bruder,
  im Störer den Beleber,
  im Unangenehmen den Bedürftigen,
  im Süchtigen den Sehnsüchtigen,
  im Säufer den Beter,
  im Prahlhans den einst Gedemütigten,
  im heute Feigen den morgen Mutigen,
  im Mitläufer den morgen Geopferten,
  im Schwarzmaler den Licht- und Farbenhungrigen,
  im Gehemmten den heimlich Leidenschaftlichen
erkennen könnte!
Leicht ist das nicht.
Es bräuchte, o Gott, die Gegenwart Deines Geistes!
Und wie schaffe ich, der Ängstliche, es,
  im Lauten den Leisetreter,
  im Arroganten den Angsthasen,
  im Behaupter den Ignoranten,
  im Auftrumpfer den Anpasser
zu entlarven?
Auch das, auch das gehört zur Liebe, wie Jesus sie lebte.

X

Der Name

»Gott« – ein Begriff, kein Name! Dasselbe gilt von Vokabeln wie »Ewiger«, »Schöpfer«, »Vater«, »Herr«. Vor diesen und anderen Begriffen war der Name.

*

Im Lauf der Jahrhunderte haben die Juden den Namen Gottes ins Schweigen zurückgenommen, er bleibt unausgesprochen. Als sein Ersatz- und zugleich Deckwort dient vornehmlich der Begriff »Herr«. Das Verschweigen des Namens wurde als ein Akt der Namensheiligung verstanden. Obgleich sich die Christen an dieses Tabu nicht gebunden glauben, ersetzen ihre Bibelübersetzungen den Namen doch auch durch den Begriff »Herr«.

*

Nach der Schleifung des Tempels in Jerusalem im Jahre 70 nahm sozusagen der Name die Stelle des Allerheiligsten ein, das leer und bildlos gewesen war. Das Sanctissimum war fortan weder ortsgebunden noch ein Raum, sondern der von jedermann und überall vollziehbare Verschweige- und (ersetzende) Sprechakt zur Heiligung des Namens. Aus der Obhut von Tempelpriestern ging das Allerheiligste über in diejenige aller Juden und Jüdinnen, die dadurch vollends zum Priestervolk wurden, gemäß der sinaitischen Verheißung (2. Mose 19,6).

*

Wiederholt sich auf sprachlicher Ebene die einstige Leere des Allerheiligsten, der Tempel-Cella, also in der semantischen Leere des Namens, d. h. des Tetragramms? Denn was bedeutet *jhwh*? Geht die Konsonantenkonstellation auf noch ältere Formen wie jh, jhh, jhw zurück? Könnte die arabische Wurzel hwj, »leidenschaftlich sein«, weiterhelfen? Woher überhaupt kam das Wort? War es ursprünglich ein Ruf (Aufruf, Anruf)? Niemand mehr vermag Genaues zu sagen. Ein Fremd-, ein Leihwort offenbar bereits im Hebräischen. Seine Wurzeln verlieren sich im Dunkel frühester Geschichte. Und so ist der Name schließlich bedeutungsfrei geworden. Wortgeschichtlicher Zufall? Oder vielleicht eine providentielle Entwicklung, die den Namen jhwh sozusagen entschlackte, bis daß er optimal adäquat für Ihn stehen konnte, der durch nichts, z. B. auch durch keine Geschlechterrolle, determiniert ist?

*

Der Eigenname jhwh/Jahwe, den Juden als allerheiligste Kostbarkeit im Safe ihres Verschweigens verwahren, teilt jedenfalls nicht Bedeutung, sondern Identität mit.

*

Wer seinen Namen nennt – wie Jahwe in 2. Mose 3,14, in 2. Mose 20,2 –, signalisiert Beziehungsbereitschaft, Beziehungslust sogar. Im Falle Israels konkretisierte diese sich in der Stiftung des Bundes. Mit ihm hat Jahwe sich selber in freiem Entschluß determiniert und behaftbar gemacht. Israel seinerseits fand in diesem Bund zur eigenen Identität als »Volk des Namens«.

*

Gewiß, andere Götter, Göttinnen tragen ebenfalls Namen. Doch haftet ihre Identität nicht unlösbar am Namen, sondern vielmehr an derjenigen Seinsmacht, die sie repräsentieren, weshalb ihre Namen, bei sich gleichbleibender Funktion, von Sprache zu Sprache, von Kult zu Kult anders lauten können. Wogegen der Name jhwh auf nichts sonst verweist als einzig und allein nur auf Ihn, der nicht etwas außerhalb Seiner selbst repräsentiert (irgendeine Seins- oder Schöpfungsmacht), sondern freierdings ist, der Er ist.

Reinster Eigenname somit! Dennoch versuchte Israel in 2. Mose 3,13 - 15 eine Deutung, eine poetische, theopoetische, denn sie geht assoziativ von Lautanklängen aus und glaubt aus dem vorhebräischen jhwh die hebräische Aussage heraushören zu können: »Ich bin, der ich bin« – d. h. kein Repräsentant von etwas anderem. Da das Hebräische zwischen Gegenwarts- und Zukunftsform nicht unterscheidet, besagt dies zugleich: »Ich werde (da) sein, (als) der ich (jeweils da) sein werde« – eine Zusage SEINER freien, nicht vorausbestimmbaren, jeweils neu und anders sich ereignenden Gegenwart als Garant des mit Israel geschlossenen Bundes.

*

Der Zusage ist überdies zu entnehmen, daß bei diesem Gott mit keiner zeit/räumlichen Allgegenwart, vielmehr mit zeitweiligen Abwesenheiten gerechnet wird. Deswegen vielleicht die häufige, bibeltypische Rede von SEINEM »Kommen«? Ein Allgegenwärtiger »kommt« nicht, er ist eh schon da.

*

Heute aber? Wir aber? »Vielleicht können wir heute Gott nicht mehr nennen (und es wäre vergeudete Zeit, dem nachzutrauern)... und von dem Donner des Sinai erreicht uns nur noch gelegentlich ein schwacher Nachhall. Wir fahren jedoch fort, diesen Nachglanz und Nachhall, wie sie uns in der Erde, in den Dingen der sichtbaren Welt erscheinen, zu nennen.« (Philippe Jaccottet)

*

Und Israel, die Juden? Glaubten, dem Namen jhwh die Zusage SEINES bundestreuen Kommens und Eingreifens entnehmen zu können. Was ist aus dieser Zusage und der Hoffnung auf ihre Einlösung in der Hölle des Holocausts geworden? Wer vermöchte diese Frage zu beantworten außer jenen, die nicht mehr reden können – den Opfern?

*

Unerträglich jene, die sich erdreisten, den Holocaust – sowie andere Massaker, Genozide – »erklären« zu wollen, meistens mittels einer Theodizee, einer Rechtfertigung Gottes gegenüber dem Leiden, den Greueln in der Welt. Allein, mißachten Theodizeen nicht das Geheimnis, das nicht instrumentalisierbare, SEINES Namens und operieren statt dessen mit Allgemeinbegriffen wie z. B. Allmacht, Allgegenwart, Allwissen? Er jedoch, der Gott namentlicher Identität, ist kein Begriff, schon gar kein allgemeiner. Er ist der Eine, der Besondere, der »Gott Abrahams, der Gott Isaaks, der Gott Jakobs« (2. Mose 3,15). Theodizeen versuchen, das Leiden in angeblich größere Zusammenhänge einzuordnen. Er aber ist der Gott des leidenden Gottesvolkes, der Gott des gekreuzigten Juden Jesus, Er ordnet das Leiden nicht ein, Er macht es vielmehr kenntlich als die Ursache SEINES Schmerzes.

*

Die hebräische Bibel – die Bibel Jesu! – kennt kein »besseres« Jenseits, ist nicht an der Frage orientiert: »Was geschieht mit mir nach dem Tod?« Israels Glaube war radikal diesseitig. Jahwe ein Gott atemberaubender *Welt*leidenschaft. Warum der Haß ausgerechnet und immer wieder gegen eben *dieses* Volk? Gilt der Haß gegen Israel insgeheim vielleicht dem Diesseits und seinen Lebensbedingungen (z. B. unserer Vergänglichkeit, Sterblichkeit) überhaupt? Ist somit Gotteshaß und Selbsthaß? Die selbstzerstörerische Art unseres Umgangs mit allem Diesseitigen und Lebendigen könnte für diese Hypothese sprechen.

Zum Holocaust – und zu ähnlichen Vernichtungen – gibt es wohl nur *eine* Aussage, die theologisch verantwortet werden kann: Hier brannte die Hölle auf Erden, hier triumphierte das absolut Böse. Dessen Glut ist nicht erloschen. Weiterschwelend sucht sie neue Nahrung in uns, unter uns. »Es ist geschehen, und folglich kann es wieder geschehen.« (Primo Levi zu Auschwitz)

*

Aus dem Auschwitz-Tagebuch eines rabbinischen Richters zitiert Elie Wiesel die folgende Aufzeichnung: »Wir waren Zeugen der Ankunft von Transporten aus Bendin und Sosnowiec. Ein älterer Rabbi war darunter. Da sie aus den Städten, die in der Nähe gelegen waren, kamen, wußten sie, was sie erwartet. Sie wußten es. Und der Rabbi betrat den Entkleidungsraum und plötzlich begann er zu tanzen und zu singen. Ganz allein. Und die anderen sagten nichts. Und er sang und tanzte eine ganze Weile. Dann starb er für ›kiddush ha-schem‹, für die Verherrlichung des Namens Gottes.« – Kann man als Christ die Bitte »Dein Name werde geheiligt« noch auf die Zunge nehmen oder im Herzen bewegen, ohne eine solche Szene vor das innere Auge gerückt zu bekommen?

*

Jahwe/jhwh ist der Name dessen, der »Ich« sagt, auf daß wir Ihm Du werden und in der Beziehung zu Ihm unsere eigene Identität finden können. Seinen Namen heiligen heißt, ihn aussondern aus allen sonstigen Namen, Wörtern, Begriffen, weil er die Nähe dessen verbürgt, der uns in freier Zuwendung näher kommt, als wir uns je selber nahe sein können, sei's im Leben, sei's im Sterben.

*

Nie aber läßt der Gott namentlicher Identität sich auf Eigenschaften und Normen festlegen, die ein objektivierendes Denken für den Gottes*begriff* bereithält. Indem Er »Ich« sagt, desavouiert Er die Versuche, ihn begrifflich zu objektivieren und verfügbar zu machen, offenbart Sich vielmehr als absolutes, als unverfügbares Subjekt. Als solches nahm und nimmt Er Beziehung auf mit uns – prototypisch dafür der Bund mit Israel –, gibt Sich als der in Lust und Schmerz, in Weisung und Zorn, im Kommen und Gehen Lebendige zu erkennen.

anrufungen

gott ohnbeginn
gott endverbleib
gott ruhestark
gott odemnah
gott gerneklein
gott ewigklang!

lobpreis

der ohne ende:
        er beendet!
der nie begann:
        er schafft beginn!
der nicht bedeutet:
        er schenkt bedeutung!
der ohne notwendigkeit:
        er wendet not!

Jesses!

Du so.
Du anders.
Du nicht.
Du doch.
Dein Leib.
Deine Worte.
Was weiß ich.
Was soll ich.

Komm glaub
mit mir.
Komm geh
mit uns.

psälmlein

gott
mein versteck

wo ich sicher bin
vor feinden

sicher auch
vor mir selber

Der Name

Es wird überliefert, Rabbi Chama, ein frommer Mann von großer Gelehrsamkeit, habe in der ersten Hälfte seines Lebens ungewöhnlich viele und kluge Schriften und Kommentare verfaßt. Danach aber, etwa vom 36. Lebensjahr an, sei er vor allem damit beschäftigt gewesen, aus seinem Schriftwerk nach und nach alles zu tilgen, was vor seinem durch die Zeitdistanz geschärften Urteil nicht bestehen konnte, weil es entweder unzulänglich ausgedrückt oder zu wenig gesichert war. Dieser Revision oblag Rabbi Chama mit soviel schonungsloser Redlichkeit, daß gegen Ende seines Lebens alles, was er einst mit Fleiß und Feuer niedergeschrieben hatte, wieder durchgestrichen war. Seine Schüler wehklagten und weinten, als er seine sämtlichen Schriften, Bündel um Bündel, im Ofen seines kleinen Hauses verbrannte. Der Rabbi aber, er wurde bei diesem Autodafé so heiter und fröhlich wie seit langem nicht mehr. Trotz seiner Altersschwäche tanzte er sogar ein bißchen, tanzte mit kleinen echten Schritten, als das letzte Bündel im Ofen verbrannte und darob der Sabbat anbrach.

Wenig später starb Rabbi Chama. Seinen Schülern hinterließ er nichts als einen großen Zettel. Darauf hatte er mehr hingemalt als hingeschrieben: Der Name, geheiligt sei er! Alsbald erkannten die Schüler den Sinn dieses Vermächtnisses: Im EINEN und heilig-unaussprechlichen Namen Gottes blieb alles bewahrt und gegenwärtig, was ihr Lehrer gelebt, geglaubt, gedacht hatte.

XI

Gedanken zur Weiblichkeit Gottes

1. Was heißt »weiblich«? Und was »männlich«? Ich weiß es nicht. Denen, die behaupten, sie wüßten's, traue ich nicht. Auch glaube ich, daß es keine Nur-Männer und keine Nur-Frauen gibt. Reine Männlichkeit ist genauso ein Phantom wie reine Weiblichkeit. Auch Gott muß sowohl weiblich wie männlich sein, weil Mann und Frau zusammen sein Bild sind (1. Mose 1,27).

2. Tatsache ist aber, daß wir das zweite Gebot: »Du sollst dir kein Bildnis machen« (2. Mose 20,4) in einem fort übertreten, indem wir aus Gott einen Mann, einen Vater, einen Herrn machen. Die Bibel selbst geht darin voran. Sie ist eben auch ein Dokument der patriarchalen Epoche, von Männern geschrieben. In ihr spiegelt sich eine männerrechtlich organisierte Gesellschaft. In diesem Punkt ist die Bibel genauso zeitbedingt wie zum Beispiel in ihren Vorstellungen von der Weltentstehung.

Ich glaube, zur Selbstentäußerung Gottes, zur »Knechtgestalt« von Christus (Philipper 2,7) gehört auch der Anpassungszwang an das Patriarchat, an die absolute Männerherrschaft zur Zeit Jesu. Gottes Wortführer hat keine Wortführerin sein können, weil damals eine Frau nicht öffentlich das Wort hat ergreifen, das Wort hat führen dürfen, erst recht nicht in der Synagoge. Es hat also ein Mann, hat ein Sohn sein müssen – aber gerade dieses Muß, dieser Zwang ist auch schon eine Einschränkung, eine Verstümmelung Gottes gewesen, ein Stück Passion. Und die Passion hat dann ja konkret auch so ausgesehen: Jesus ist voll hineingeraten in eine ausschließlich männliche und patriarchalische Macht- und Justizmühle.

Ist es Zufall, daß demgegenüber die ersten Zeugen und Botschafter der Auferstehung Christi Frauen gewesen sind?

Ich möchte nicht behaupten, die Passionsgeschichte sei männlich, die Osterereignisse seien eher weiblich gewesen. Immerhin aber zeigen die Passionsgeschichten eine Macht am Werke, für welche die Tötung von Unbotmäßigen das entscheidende Argument und Machtmittel ist. Und historisch ist es nun einmal die patriarchalische Gesellschaft, welche ihre Macht aufgebaut hat auf der Macht zu töten – und die sich dementsprechend entwickelt hat bis zur heutigen Gesellschaft des Overkills. Hätte diese Entwicklung in einer matriarchalen Gesellschaft nicht stattfinden können? Ich weiß es nicht, niemand weiß es. Über das Matriarchat haben wir zu wenig genaue Nachrichten, es gibt bloß Vermutungen und Spekulationen.

3. Vielleicht könnte man so sagen: Die Passionsgeschichte demonstriert eine Macht (und das war faktisch Männer-Macht), die hierarchisch ist, das heißt, sie geht von oben nach unten, Herrschende verfügen über Beherrschte. Ostern hingegen zeigt Gott als antihierarchische Macht, zeigt ihn als Aufstand gegen die religiöse und politische Hierarchie, zeigt ihn als Bewegung von unten nach oben, wobei »unten« sowohl ein soziales Unten wie ein existentielles Unten, nämlich Tod, bedeutet. Dieses »Unten« repräsentieren auch die Frauen am Ostermorgen. Rechtlich und religiös sind Frauen unmündig gewesen damals, also immer »unter« der Vormundschaft von Vätern, Brüdern, Gatten.

Man könnte auch sagen: Die Passion demonstriert eine Macht, die ihrem Wesen nach Unterwerfung ist, wenn nötig bis zur Tötung. Ostern hingegen zeigt Gott als eine Macht, die nicht unterwirft, sondern aufstellt, die nicht tötet, sondern lebendig macht. Auf jeden Fall sind die beiden Formen von Macht so verschieden wie Gewalt und Gewaltlosigkeit, wie Tod und Leben.

Die eine Macht will Situationen und Menschen in ihren Griff bekommen. Die andere Macht löst, erlöst, macht frei; dem entspricht nicht der Gestus von Griff und Zugriff, sondern derjenige der Berührung. In den Ostertexten spielt das Anrühren und Berühren eine gewisse Rolle (Lukas 24,39; Johannes 20,17; 25ff.). Griff und Zugriff signalisieren Herrschaft und Gewalt. Nicht zufällig gehört auch das Wort »Angriff« in diese Wortgruppe. Berühren dagegen signalisiert Gewaltlosigkeit, Liebe, Kommunikation.

»Etwas in den Griff bekommen«, diese beliebte Redensart verrät ein traditionelles, darum wohl auch einseitig maskulines Machtverständnis. Ich möchte nicht sagen, daß das österliche

Wort »berühren« demgegenüber weiblich ist. Es ist mehr, es ist ein Ausdruck für Kontakt, für Gemeinschaft, für Sympathie und Solidarität zwischen Menschen, auch zwischen Männern und Frauen. »Berühren« hat dann ja auch noch eine übertragene, gefühlshafte Bedeutung: Das Leben, das Leiden, aber auch die Freude der anderen »berührt mich«, ist mir also nicht gleichgültig wie demjenigen, der die Dinge und Menschen in seinen Griff bekommen will.

4. Auch in der Kirche gibt es das Machtverständnis, das die Dinge in den Griff bekommen will, um sie im Griff zu haben. Ein traditionell männliches Machtverständnis also. Seitdem die Kirchen gesellschaftlich an Bedeutung und Einfluß verloren haben, sind allerdings auch Frauen in kirchliche Leitungsgremien aufgerückt. Scheinbar großzügig kann man sie in diesem gesellschaftlichen Nebenbereich mitmachen lassen. Die Spielregeln bleiben meistens aber doch männlich. Die theologischen Fakultäten, also die kirchlichen Ausbildungs- und Denkzentren, sind nach wie vor fest in Männerhand, demonstrieren damit die Herrschaft des männlichen Denkens in der Kirche.

Was ist Kirche, vom Neuen Testament her gesehen? Sie ist, sagt Paulus, der Leib, der Körper Christi (Römer 12,5; 1. Korinther 10,17; 12,12ff.). Ein Körper lebt, atmet, bewegt sich. Das ist seine Macht. Einen Körper »in den Griff« bekommen, »im Griff« haben, das bedeutet Behinderung, Entmächtigung. Man denkt dabei sofort an Polizei, Verhaftung, Fesselung. Insofern verträgt der Körper Christi, also die Kirche, keine Behörden, die ihn »im Griff« haben. Dieser Griff würde bald zum Würgegriff.

5. »Etwas in den Griff bekommen«. So denkt, so spricht, wer oben sein will, wer sich etwas unterwerfen, etwas dienstbar machen will. Er will herrschen, beherrschen. »Herrschen« kommt von »Herr«. Es scheint also um eine charakteristisch männliche Art der Machtausübung zu gehen.

Nun nennen wir auch Gott, auch Christus »Herr«. Trotzdem glaube ich, daß Gottes Herrschaft ebenso Frauschaft ist, ein Zusammenspiel von Herrschaft und Frauschaft. Doch was heißt das? Es heißt theologisch zum Beispiel: Gott ist nicht »der Allmächtige«, er ist nicht derjenige, der alles im Griff hat. Karl Barth hat gesagt: »... der ›Allmächtige‹ ist böse, wie ›Macht an sich‹ böse ist. Der ›Allmächtige‹, das ist das Chaos, das Übel, das ist der Teufel.« (Dogmatik im Grundriß, 1947, S. 54)

Warum das? Wenn Gott alles von oben herab im Griff hätte, dann müßte er auch der Urheber von Auschwitz, von Hiroshima und Kambodscha sein und der Urheber eines eventuellen atomaren Holocausts. Aber solche Ereignisse haben denn doch mehr mit dem Teufel als mit Gott zu tun. Die feministische Theologie sagt: Die Vorstellung eines »Allmächtigen« ist ein Produkt der männlichen Machttradition und ein männliches Wunschbild, das Wunschbild eines Supermannes, der alles im Griff hat, der totale Herrschaft ist.

Was würde demgegenüber »Frauschaft« bedeuten? Ich weiß es nicht. Das weiß noch niemand. Als Komplementärbegriff zu »Herrschaft« signalisiert »Frauschaft« einfach einmal eine Form von Machtverständnis und Machtausübung, die gottebenbildlicher, darum auch humaner und weltfreundlicher wäre als die einseitig maskuline »Herrschaft«, welche die Welt so fest in ihren Griff bekommen hat, daß diese jetzt nahe daran ist, erstickt zu werden.

6. Jesus spricht von der Macht Gottes in Gleichnissen vom Säen, Wachsen, Ernten (z. B. Matthäus 13). *Gottes* Macht ist gewaltlose Lebensmacht, Wachstumsmacht. Sie organisiert nicht von oben herab, sie wächst von unten herauf. Sie unterwirft nicht, sie entfaltet. Sie hat nicht im Griff, sie macht lebendig und setzt sich dem Risiko und dem Widerspruch des Lebendigen aus. Gott ist kein Macher, er ist der Schöpfer, der creator; seine Macht ist kreativ. Und das, glaube ich, hängt damit zusammen, daß er sowohl weiblich wie männlich ist. Auch bei uns Menschen werden einseitige Nur-Männer oder einseitige Nur-Frauen kaum kreativ. Es ist eine psychologische Binsenweisheit, daß ein Mann desto kreativer wird, je mehr sich seine weibliche Seite entfaltet, und eine Frau desto kreativer, je mehr sich auch ihre männliche Seite entwickeln kann. Darin spiegelt sich das weiblich-männliche Geheimnis der ursprünglichen Kreativität Gottes.

Das ist ein Hinweis darauf, daß menschliche Macht nur dann kreativ anstatt zerstörerisch wird, wenn sie aufhört, nach rein männlichen Vorstellungen zu funktionieren – wenn sie also anfängt, ebenso weiblich wie männlich zu werden. Damit will ich »das Weibliche« nicht idealisieren. Doch wenn man sieht, wohin uns die einseitige Männermacht, die Männerbünde in Armee, Polizei, Finanz und Wirtschaft und auch immer noch in Politik und Kirche, gebracht haben, dann gibt es ja gar keine andere Alternative als die Verweiblichung der Macht, als die gleichgewichtige Beteiligung der Frauen an der Macht – auch in den Kirchen.

7. Was also tun? Zuerst müssen wir einsehen, daß ein anderes Handeln mit einem anderen Reden anfängt. Ich gebe zu: Ich selber getraue mich selten, wechselweise die Wörter »Gott« und »Göttin« zu verwenden. Die Hemmschwelle ist da bei einem Bibelausleger wahrscheinlich noch zu hoch. Vielleicht gelingt Frauen so etwas eher. Bei mir langt's erst zu Gebetsformulierungen wie etwa: »Unser Vater, der du auch unsere Mutter bist« oder »Du, Herr, anders als andere Herren, mit dem wir reden können wie mit einem Freund oder einer Freundin« und so fort. Ich möchte sagen: Probiert es selber, probiert es besser! Mich wundert, daß Frauen in Gottesdiensten, die sie selber gestalten, sich noch allzu ängstlich an maskuline Gottesanreden halten, die eben auch ein maskulines Gottesbild verraten, das offenbar tief verinnerlicht worden ist. Auch die Liturgien beten ausschließlich einen Mann-Gott an, reproduzieren damit noch einmal rein männliche Machtvorstellungen. Dasselbe gilt von den Kirchengesangbüchern. Aber das Neue kommt auch hier von unten, nicht oben. Unten – das sind wir! Wir machen neue Erfahrungen mit Gott, uns dämmern neue Perspektiven, neue Erkenntnisse. Das ist heute auf vielen Gebieten der Fall, zum Beispiel in der Friedensfrage, in der ökologischen Frage, in politischen Fragen. Unter dem Druck von schon eingetretenen oder noch möglichen Katastrophen entpuppt sich das bürgerliche Gottesbild, das immer auch ein männliches war, als ein Götze, der sich jetzt auflöst und zerfällt. Die trotzdem hoffnungsvollen Bewegungen in der Kirche werden angetrieben vom Glauben an einen anderen, größeren Gott. Und dazu gehört

auch die Ahnung einer Universalität und Ganzheitlichkeit, die gleicherweise das Weibliche wie das Männliche umfaßt. Nur eben: Diese Ahnung muß sich nach und nach erst einmal in der Sprache unserer Gebete, unseres Redens ausdrücken können. Dazu gehört noch vieles, zum Beispiel die Frage: Warum reden wir immer nur von Jesus und seinen Jüngern? Dabei hat er durchaus auch Jüngerinnen gehabt (Lukas 8,1 - 3)!

Sicher, die männliche Textredaktion des Neuen Testaments hat das weitgehend verdrängt, vielleicht weil diese Jüngerinnen für jüdische Zeitgenossen ein Ärgernis und ein Anstoß waren. So kommen sie nur ganz am Rande vor, werden fast verschämt und nur beiläufig erwähnt. Wer kennt die Namen dieser Jüngerinnen? Wo ist neben all unseren Petrus-, Paulus-, Lukas-, Matthäuskirchen eine Susannen- oder Johannakirche? Das Sprachproblem geht eben bis in solche Dinge hinein. Dafür müssen wir sensibel werden, sensibel und kritisch. Wir müssen anfangen, unser eigenes Reden zu prüfen und aufmerksam zu werden für den Widerspruch zwischen dem, was wir erfahren und glauben, und dem, was wir sagen. Nur so werden wir subversiv handeln lernen gegen die lebensfeindlichen Machtformen.

Nie hab' ich Dich gesucht

Nie hab' ich Dich gesucht.
Stets warst Du hinter mir her,
Verführerin Gott,
die mir den Kopf verdreht,
die leise singt in mir
wie leuchtende Finsternis,
die mich oft auch zurechtweist,
bald traurig, bald lächelnd:
eine strenge Geliebte,
eine maßlos Liebende.

Die gesellige Gottheit am Werk

1

Von Ur an:
Gott in Geselligkeit,
Gott mit Sophia,
der Frau, der Weisheit,
geboren,
noch ehe alles begann.

Sie spielte
vor dem Erschaffer (Sprüche 8,22 - 31),
umspielte, was er geschaffen,
und schlug, leicht hüpfend von Einfall zu Einfall,
neue Erschaffungen vor:
Warum nicht einen anmutig gekurvten Raum?
Warum nicht Myriaden pfiffiger Moleküle?
Warum nicht schleierwehende Wirbel, Gase?
Oder Materie, schwebend, fliegend, rotierend?
So sei es, lachte Gott,
denn alles ist möglich,
doch muß auch Ordnung ins Ganze -
durch Schwerkraft zum Beispiel.

Dazu aber wünschte Sophia sich
ebensoviel Leichtigkeit.
Da ersann Gott die Zeit.
Und Sophia klatschte in die Hände.
Sophia tanzte, leicht wie die Zeit,
zum wilden melodischen Urknall,
dem Wirbel, Bewegungen, Töne entsprangen,
Räume, Zukünfte, erste Vergangenheiten -
der kosmische Tanz,
das sich freudig ausdehnende All.

Fröhlich streckte Sophia Gott die Arme entgegen.
Und Gott tanzte mit.

2

Am Anfang also: Beziehung.
Am Anfang: Rhythmus.
Am Anfang:
Geselligkeit.
Und weil Geselligkeit: Wort.
Und im Werk, das sie schuf,
suchte die gesellige Gottheit sich
neue Geselligkeiten.
Weder Berührungsängste
noch hierarchische Attitüden.
Eine Gottheit, die vibriert
vor Lust, vor Leben.
Die überspringen will
auf alles,
auf alle.

3

Bildchen, naiv.
Doch wie sonst faß ich's?
Imagines, imaginatio.
Denn wer glaubt, glaubt an Wunder.
Wunder ist der Inhalt jeder Theologie.

bitte

heilige grünkraft
(der gottheit unauffällig
schöne gespielin):
sprenge den beton
in unseren köpfen!
sprenge den beton
in unserem land!

die frauen am ostermorgen

fahllicht
und vogelruf

frühtau
vorm grabe lag

zum zweiten male
erschuf

gott göttin
den tag

Immer bist Du es

Ehe wir Dich suchten,
warst Du da.
Bevor wir Dich »Vater« riefen,
hast Du uns als Mutter umsorgt.
Beugten wir die Knie vor Dir, dem Herrn,
kamst Du als Bruder entgegen.
Beschworen wir Deine Brüderlichkeit,
erging die Antwort schwesterlich.

Immer bist Du es,
der vorher war;
allwärts bist Du es,
der begegnet.

XII

Seestern im Ozean

Kenne ich Gott? Ebensogut könnte man fragen: Kennt der Seestern den Ozean, in dem er lebt und stirbt? Er kennt wohl nur Wellen und Strömungen, nicht aber den Ozean. Dies ist die Proportion, in der ich die Denkskizzen von der Weltleidenschaft Gottes sehe.

*

»Sibi solus notus est«, Er ist nur sich selbst bekannt (Nikolaus von Kues). Und so weiß auch nur Er, welche Bewandtnis es hat mit Seinem Namen, mit Seiner Identität.

*

Warum lasse ich mich stets wieder verblüffen von der Sicherheit, mit der manche behaupten, Gott bestens zu kennen? Weiß ich denn nicht längst schon: Je weniger jemand sich selber kennt, desto besser meint er, Gott zu kennen?

*

Gott aber ist groß, Er wird uns überraschen. Gott aber ist klein, Er wird uns beschämen.

*

Fehl geht vermutlich, wer seine Weltleidenschaft nur affirmativ, nur bejahend verstehen möchte, nicht auch als radikale Kritik, als leidenschaftliche Verneinung. Aufgrund jüdischer Erfahrungen wagte Emmanuel Lévinas, Philosoph und Talmudlehrer, den Satz: »Gott ist vielleicht nur diese permanente Verweigerung einer Geschichte, die sich mit unseren privaten Tränen abfindet.«

Wie wenig wissen wir doch von Gott! Dieses Wenige aber ist immer noch mehr als wir zu fassen vermögen, selbst wenn wir nur die eigene religiöse Überlieferung in Betracht ziehen.

*

Was wir hingegen kennen, besser als uns oft willkommen sein mag, ist Seine Weisung: Selbst dann, wenn wir ihr zuwiderleben, zuwiderhandeln, kennen wir sie insgeheim doch und spüren, daß unsere innere Zerrissenheit, Gespaltenheit, damit auch die Schizophrenien unserer Gesellschaft, durch eben dieses Zuwiderleben, Zuwiderhandeln erzeugt werden.

*

Verwirrlich in ihrer Verschiedenartigkeit und Fülle sind die Weisungen der verschiedenen Religionen. Der Strom der Geschichte führt viel Geröll mit sich. Ist darunter jedoch nicht auch verwandtes, sogar gleiches Gestein zu finden? Gehen z. B. die individuellen und sozialen Menschenrechte nicht von dieser Annahme aus? Müssen sogar, so sie Akzeptanz finden wollen, von ihr ausgehen?

*

In der Weisung, die Liebe gebietet, die auf den Schalom unter Menschen und der Menschen mit der irdischen Schöpfung ausgeht, wird Gottes Weltleidenschaft konkret. Darum weist sie zum Nächsten, zum Nahen überhaupt: »Erkenne, was vor dienem Angesicht ist, und was dir verborgen ist, wird sich dir offenbaren.« So Jesus nach dem Thomas-Evangelium (Logion 5). Oder auch: Was ist der Sinn der Welt? fragte ein Schüler seinen Zen-Meister. Dessen Antwort: Geh, nimm den Besen und wisch den Hof!

Der Seestern erfaßt den Ozean nicht. Aber er lebt, er stirbt in ihm. Die »kleine Heilige« Therese von Lisieux (1873 - 1897), Patronin der französischen Arbeiterpriester, bekannte drei Monate vor ihrem frühen Tod: »Ich glaube nicht an das ewige Leben... Alles ist verschwunden. Es bleibt nur noch die Liebe.«

PARABURI

ein gespenst geht um in europa – PARABURI

»ich«: in allen sprachen das ungenaueste wort
selbst PARABURI ist da präziser

ein narr wer behauptet PARABURI gebe es nicht
    nur weil PARABURI nicht im telefonbuch steht

vermutlich ist PARABURI in der nähe wenn du
    erwartest was eingetreten ist als müsste
    es erst noch kommen

sprecher! redner! prediger! räte!
sprechblasen in allen grössen und formen!
unübertroffen solid!
verlangen sie den prospekt der PARABURI-
    sprechblasenfabrik!

behauptet einer PARABURI sei opium für das volk
so kläre den ignoranten auf:
»PARABURI ist kaugummi für die seele und heillos gesund«

er hiess gar nicht PARABURI – er war es nur

musst du (z. B. in bewerbungsschreiben) deine
    sprachkenntnisse angeben so erwähne
    nebst deutsch französisch englisch
    suaheli usw. immer auch PARABURI
PARABURI ist nicht nur ein wort
PARABURI ist eine sprache

Geschichte, Ostern

1

Falls Gott das lenkte,
was gemeinhin
Geschichte heißt,
wäre Er,
was gemeinhin
ein Sadist genannt wird,
durch Blutströme watend
von einer Gewalttat
zur andern.

2

Und heute?
Die Aufklärung gescheitert.
Der Sozialismus ratlos.
Die Kirchen kompromittiert.
Ist der Mensch zum Krebs der Erde geworden?
Geschichte verschlingt die Natur.
Der Hunger rückt vor.
Die Hochrüstung schenkte High-Tech.
Nicht einmal Blut
muß mehr fließen im Krieg:
lichtschnell karbonisieren Laserstrahlen
Landstriche, Städte, Menschen,
verbrennen sie ohne Flammen,
im Bruchteil einer Sekunde
alles schwarz
alles verkohlt.

3

Was immer auch Gott,
was immer Geschichte sein mag -
nie und nimmer geschieht Sein Wille
im Wettlauf nach der vollkommnen Vernichtung.
Das, ach ja,
behaupte ich ohne Beweis,
ein alter Mann mit leeren Händen,
halb wütend,
halb hoffend,
stets fragend:
Ostern,
war da nicht Ostern?

4

Nicht Dschingis-Khan jedenfalls,
nicht Napoleon,
weder Gulbenkian noch Krupp
sind auferweckt worden vom Tod.
Einem galiläischen Provinzler aber
(hartnäckig hält sich dieses Gerücht)
soll's widerfahren sein,
einem,
der so geschichtsblind war,
so heilig verrückt vielleicht,
den Liebenden, den Gewaltlosen
die Erde zu versprechen,
die doch
– von Krise zu Krise,
von Krieg zu Krieg –
fest in der Hand zu sein scheint
von Macht- und Geldhabern
mit ihren Rüstungsgewinnlern,
ihren Fünf-Stern-Feldweibeln.

5

So geh' ich,
wie geh ich?
Sinnend, fragend:
War da nicht Ostern?
War da nicht Maria aus Magdala,
Letzte unterm Kreuz,
Erste am Ostermorgen,
apostola apostolorum,
Anzettlerin des Glaubens,
Herz der ersten Gemeinde?
Und gehe,
Fuß setzend vor Fuß,
murmelnd, bittend:
Stecke uns an
mit deiner Beharrlichkeit,
o du
mit dem Dutzendnamen Maria,
mach fester
unsere täglichen Schritte
durch die Wahrheit,
die du gewahrtest:
CHRISTUS IST AUFERSTANDEN.

Der Höchste und Bescheidenste

Eine der prächtigsten Städte im alten Spanien der Mauren, Juden und Christen war Cordova. Vielfältig erblühte hier auch die Kultur des ungezwungenen Gesprächs zwischen Angehörigen verschiedener Religionen. Jederzeit waren Muslime und Christen in den Synagogen, Christen und Juden in den Moscheen, Juden und Muslime in den Kirchen willkommen. So fehlte es den zahllosen kleinen Disputierzirkeln nie an Gesprächsstoff.

Eines Abends hatte sich im Haus eines Rabbi wieder einmal ein solcher Zirkel versammelt. Dabei kam die Rede auf den Namen Gottes. Da der Höchste sich selber ›Ich bin‹ nannte, sagte der Rabbi, kann Er nur *einen* Namen, *seinen* Namen eben, haben! Nicht doch, hielt ihm der Muslim entgegen, als Schöpfer unermeßlicher Vielfalt muß Er viele Namen haben, von denen wir zahllose wohl niemals werden kennen können – bedenkt bitte die ungeheure Größe des Universums! Der Christ stimmte ihm zu und schlug vor: Ist Er denn nicht der Grund aller Namen, alles Nennbaren?

Mit dabei in der Runde war auch ein Philosoph parsischer Herkunft. Lange Zeit hörte er schweigend und aufmerksam zu. Dann sagte er: Wißt ihr, was mich stets wieder seltsam anmutet? Daß in all euren Gottesdiensten so oft gesagt wird: ›Im Namen Gottes‹. Was soll daran seltsam sein? fragten die anderen neugierig. Nun, erklärte sich der Philosoph, wer im Namen Gottes auftritt und redet, gibt damit zu verstehen, daß Gott nicht da, daß Er abwesend ist. Rechtlich handelt es sich um eine Formel der Ermächtigung, im Namen eines Unmündigen oder Abwesenden rechtskräftig verhandeln und handeln zu dürfen.

Abwesend? rief der Rabbi aus, o nein, o nein, im Gegenteil! In Gottes Namen reden, handeln heißt in Seiner Anwesenheit, in Seiner Gegenwart handeln. Der Philosoph jedoch insistierte: Warum dann aber, wenn Er doch anwesend ist, redet, handelt Gott nicht selber, nicht unmittelbar? Das tut Er sehr wohl, sagte der Christ, zum Beispiel im heiligen Altarsakrament. Nachsichtig lächelte der Philosoph: Doch auch da bleibt Sein Tun an dasjenige des Priesters gebunden. Ohne Priester kein Sakrament. Fast scheint es, daß Gott ohne Menschen nicht in Erscheinung treten kann – beinahe hätte ich gesagt, daß Er ohne Menschen nicht Gott sein kann. Verwirrt murmelte der Muslim: Ist das, was du da sagst, nicht Lästerung, jedenfalls aber höchst gewagt, höchst gefährlich? Der Rabbi hingegen überlegte: Ist nicht *jedes* göttliche Geheimnis abgründig und deshalb gefährlich? So auch der allerheiligste Namen, das tiefste aller Geheimnisse. Der Philosoph nickte ihm zu: Eben darauf wollte ich hinaus, habe mich wohl aber ungeschickt ausgedrückt. Ich glaube, es gibt kein größeres Paradoxon – in eurer Sprache: kein größeres Wunder – als die Anwesenheit eines Abwesenden! Nach deiner Denkweise magst du gewiß recht haben, seufzte der Christ, doch ist mir, mit Verlaub gesagt, deine Argumentation zu seiltänzerisch, zu dialektisch wahrscheinlich. In meiner Einfalt würde ich eher sagen: Gott ist von unvorstellbarer Bescheidenheit, darum verbirgt Er sich andauernd hinter Menschen und dafür, für Seine nie begreifbare Bescheidenheit, die uns oft genug auch in Verzweiflung stürzt, steht, denke ich mir, Sein Name.

Als sie spät vor das Haus hinaustraten, wies der Muslim zum sternenübersäten Nachthimmel empor: Und das, liebe Freunde, nennen wir nun also Seine Bescheidenheit? Zu viert brachen sie in Gelächter aus. Fröhlich segnete sie der Rabbi und wünschte im Namen des Höchsten und Bescheidensten nebst guter Heimkehr auch erholsamen Schlaf und heitere Träume.

gegenwendig

MENSCH GERNEGROSS

gott georneklein

Herausforderung

Nachdem die Truppen unter dem Kommando des Obersten Franco den spanischen Bürgerkrieg für sich entschieden hatten, säuberten sie die Städte und Dörfer von tatsächlichen oder auch nur vermeintlichen Gegnern. Unter den dabei Aufgespürten befand sich ebenfalls Juans älterer Bruder. Juan, damals ein Knabe noch, mußte mitansehen, wie sein Bruder mit drei anderen jungen Männern auf dem Dorfplatz von den Faschisten erschossen wurde. Einige Tage später sagte er zu seinen Eltern: Solange Gewehrkugeln wehrlose Opfer und nicht die Schützen selber treffen, kann und will ich nicht mehr an Gott glauben. Ungeachtet ihres eigenen Schmerzes versuchten die Eltern, den Knaben zu beschwichtigen. Wir verstehen dich nur allzu gut, sagten sie, aber du forderst Unmögliches. Noch nie ist ein Gewehr nach hinten losgegangen, noch nie hat eine Kugel den Schützen getroffen. Und auch: Man darf Gott nicht herausfordern. Doch Juan blieb hartnäckig und verweigerte fortan den Kirchgang. Selbst der Priester, dem er zugedient und großen Respekt entgegengebracht hatte, vermochte ihn nicht umzustimmen. Gäb's einen gerechten Gott, sagte Juan, würde die Kugel den Schützen treffen. Da dies aber nicht geschieht, ist Gott entweder nicht gerecht oder es gibt ihn gar nicht.

Auch als das Franco-Regime längst zu Ende und Juan ein alter Mann geworden war, änderte er seine Meinung nicht, formulierte sie jedoch auf eine Weise, die die Leute erst recht verwirrte. Falls Gott ist, pflegte er nunmehr zu sagen, ist er nicht gerecht. So hoffe ich denn um seinetwillen, daß er nicht ist.

Juan starb und wurde ohne priesterliche Mitwirkung begraben. Auf dem Friedhof sprach einer seiner Freunde ein paar Sätze. Einer davon lautete: Ich glaube, für ihn ist Gott wichtiger gewesen als für uns alle. Niemand widersprach.

XIII

XII

Vertrauen – doch auf welchen Gott?

Optimisten, Pessimisten

Die Frage immer wieder, ob ich im Blick auf die Zukunft optimistisch oder pessimistisch sei.

Ich weiß nicht.

Pessimistisch stimmen mich Optimisten an den Schalthebeln technokratischer, militärischer oder politischer Macht. Unentwegt versichern sie, die Entwicklungen im Griff zu haben. Wenn die Menschheit für immer ausgelöscht werden wird, so wird es, da bin ich fast sicher, das Werk zuversichtlicher Optimisten gewesen sein. Sie vertrauen einer technischen Vernunft und Perfektion, die es bisher nie gegeben hat. Zu schreiben wäre einmal die Geschichte der Katastrophen, die der politische Optimismus im 20. Jahrhundert ausgelöst hat, vom Ersten Weltkrieg bis heute.

Demgegenüber wirken Pessimisten geradezu beruhigend. An der Macht sind sie weniger gefährlich, weil sie zum Nicht-Tun neigen, sobald sie fürchten, ihr Tun könnte verhängnisvolle Wirkungen zeitigen. Das ist keine eindrucksvolle Haltung, doch immerhin eine beruhigendere, weil sie zögern, innehalten und optimistischem Handlungsdrang widerstehen kann. »Optimismus ist Feigheit«, sagte einst Oswald Spengler, der Kulturphilosoph. Optimismus ist oft auch Dummheit. Meist sind Pessimisten nachdenklicher, besser informiert, deshalb auch realistischer. Sie an der Macht zu wissen, beruhigt. Optimisten an der Macht sind oft gefährlich.

Kirche unter Optimismusdruck?

Begreiflicherweise drängen Pessimisten weniger an die Macht als Optimisten. Darum sind so viele Machtpositionen mit Optimisten besetzt. Diese versuchen immer nachdrücklicher, auch die Kirche unter Optimismusdruck zu setzen. Schluß jetzt mit Angst- und Panikmache, fordern sie, die Kirche soll trösten, aufrichten, ermuntern! Und meinen damit: ... soll die Leute ermutigen, auch weiterhin getrost bei allem mitzumachen, was machbar geworden ist, immer im gläubigen Vertrauen darauf, daß es schlußendlich doch noch gut herauskommen wird. Oder ist etwa der von marktwirtschaftlichen Profiterwartungen angetriebene und gelenkte Erfindungsdrang etwas Negatives? Verdanken wir ihm nicht unseren hohen Lebensstandard? Wohlan denn und weiter so mit Zuversicht! Gottes Vorsehung, technisches Know-how, die Natur und nicht zuletzt die verantwortlichen Unternehmer, Techniker, Politiker werden schon dafür besorgt sein, daß sich alles zum Guten wendet. Für diese Optimisten ist der alte Schopenhauer, der den Optimismus eine »verruchte Denkungsart« nannte, ein Griesgram – und ein Ungläubiger obendrein.

Es wird schon gut kommen, man muß nur Vertrauen haben, rufen die Optimisten urbi et orbi. Ist nicht gerade Gott der Garant dafür, daß es gut herauskommen wird? Darum – so die Optimisten – müssen die Kirchen wiederum Vertrauen predigen und zu Miesepetern auf Distanz gehen, die Mißtrauen säen! Schon haben die Optimisten Lobbies und Pressure-groups gebildet, welche die Kirchen wiederum Vertrauen lehren wollen. Genug jetzt der Menetekel, der Weltendvisionen! Selbst bei der Jugend kommt so was kaum noch an.

Vertrauen also! Theologisch bedeutet das für die Optimisten: Vertrauen auf Gott, der die Geschichte lenkt, in aller Wirklichkeit der Wirkende ist und machtvoll alles zur guten Vollendung bringen wird.

Somit: Vertrauen auf Gottes Allmacht? Worauf denn sonst? fragen die Optimisten pikiert.

Doch wie kann ich zu einer Allmacht Vertrauen haben, der also auch Auschwitz, Hiroshima, Kambodscha angelastet werden müßten? Da halte ich's lieber mit K.H. Miskotte, dem holländischen Theologen, der schrieb: »Wer von Gottes ›Allmacht‹ spricht, kann den Gehalt des Wortes nicht zu Ende denken, ohne sich in die Vorstellung einer leeren, monströsen Tyrannis zu verwirren.«

(Wenn die Götter schweigen. 1963, S. 196) Miskotte hat das übrigens von Karl Barth, der rundweg erklärte: »Der ›Allmächtige‹, das ist das Chaos, das Übel, das ist der Teufel.« Und: »Dieser Rauschgedanke der Macht, das ist das Chaos, das Tohuwabohu, das Gott in seiner Schöpfung hinter sich gelassen hat, das er nicht gewollt hat, als er den Himmel und die Erde schuf.« (Dogmatik im Grundriß, 1947, S. 54)

Miskottes Seufzer deshalb: »Wie lange noch soll die Kirche unter der Last der fundamental verkehrten Auffassung des Wortes ›Macht‹, ›Allmacht‹ Gottes niedergebeugt einhergehen?« (a.a.O., S. 216 f.) Für ihn ist die Allmachts-Theologie, auf welche sich die Optimisten stützen, ein finsteres Monstrum, vor dem man sich, falls es wirklich »Gott« wäre, in den Atheismus retten müßte.

Die Begriffskombination Allmacht–Vertrauen–Optimismus kann nicht stimmen. Dafür sind die Optimisten selber der beste Beweis. Geht es zum Beispiel um die sowjetische Macht, so hört ihr Vertrauen alsbald auf, und sie weigern sich, die Sowjetunion als ein Instrument göttlicher Geschichtslenkung, als eine von der Allmacht gewirkte Wirklichkeit anzuerkennen. Einer Konferenz »für vertrauensbildende Maßnahmen« zwischen West und Ost begegnen sie mit pessimistischem Mißtrauen, davon überzeugt, daß der Osten kein Vertrauen verdient. Und plötzlich sind es die optimistischen Vertrauensforderer, die uns Christen vor optimistischem Vertrauen warnen.

Wie reimt sich das zusammen: Optimismusdruck, Vertrauenspredigt einerseits – andererseits dann doch wieder Aufrufe zu pessimistischem Mißtrauen? Es reimt sich nicht, hat mit Theologie wohl auch weniger zu tun als mit Politik.

Gott als Opposition?

Daß sie gerne und oft mit der Allmachtsvorstellung operieren, verrät das theologische Reflexionsdefizit der Optimisten. Oder einfach ihr Ungeschick. Oder am Ende ihre Oberflächlichkeit?

Faktisch laufen ihre Argumentationen darauf hinaus, daß Gott mit unserer Gesellschaftsordnung in Übereinstimmung, in anderen Gesellschaftsordnungen jedoch in Opposition ist. Hierzulande darf er als Allmacht verstanden werden, welche auch die gesellschaftlichen Machthierarchien legitimiert. In uns mißliebigen Gesellschaftsordnungen dagegen soll er Opposition sein, die keine Machthierarchien, wohl aber Oppositionsbewegungen legitimiert. Gott nicht Position, sondern Opposition? Nicht Verklärung, sondern Bestreitung der Macht? Das ist eine Glaubens- und Denkmöglichkeit, welche die alttestamentlichen Propheten entdeckt haben und die vollends im Glauben, daß ein Verurteilter der Messias, ein Hingerichteter das Wort Gottes ist, zum Zuge und zur Wirkung gekommen ist. Dem wäre mit Ernst nachzudenken. Hier zeigt sich ja auch die Unzulänglichkeit gängiger Allmachtsvorstellungen. Sie beziehen das gerade nicht ein, was das Evangelium als Skandalon mitteilt, nämlich das Leiden, die Geduld, die Auflehnung und Opposition Gottes, der nicht Allmacht, sondern Heilsmacht ist.

So aber, wie unsere Vertrauensoptimisten Gott entweder auf Einverständnis oder auf Opposition festlegen möchten, geht das wohl kaum. Da ist nicht theologische Überlegung, sondern politische Absicht am Werk – ein Wölflein im Schafspelz. Die Frage »Kirche wohin?« zum Beispiel ist eine Scheinfrage, wenn ihr gleichzeitig der Ruf folgt: »Kirche hierher!« – nämlich hierher und hinein in den politischen Konsens eines Konkordanzsystems, dessen Machtträger Oppositionsregungen alsbald marginalisieren, weil sie Opposition für unanständig halten.

Und das eben ist die politische Absicht, welche hinter dem Optimismusdruck auf die Kirche steckt: möglicher Dissens, mögliche Opposition sollen verhindert, die Kirchen zum Konsens verpflichtet werden – nicht »auf Teufel komm raus«, aber »auf Gott komm raus«.

Theologisch bleibt das alles dürftig. Vertrauenspredigt dieser unreflektierten Art wird die Kirchen nicht füllen, sondern noch mehr leeren. Darum stimmen mich die Optimisten, welche die

Kirche wieder auf Vertrauens- und Konsenskurs bringen wollen, für die Zukunft der Kirche pessimistisch.

Doch was sollen diese Begriffe überhaupt: Pessimismus, Optimismus? »Flachkopfgeschwätz« hat Nietzsche den Streit um Optimismus oder Pessimismus genannt. Auch biblisch gesehen ist's »Flachkopfgeschwätz«. Es geht um die Frage der Hoffnung, um Predigt und Theologie der Hoffnung! Wie aber kann Hoffnung wachsen aus einer hoffnungslos angepaßten und konformen Vertrauenspredigt?

Fragen

Warum, ach, weint der Verteidigungsminister nicht, wenn er verkündet, es müßten noch mehr Megatod-Waffen angeschafft werden? Weiß er noch, was er sagt? Weiß er noch, was er tut?

Warum, ach, weint der Finanzminister nicht, wenn er noch mehr Geld für Aufrüstung hergeben muß? Sieht er die Millionen von Hungernden nicht, die mit diesem Geld ein ganzes Leben lang ernährt werden können?

Warum, ach, weint der Innenminister nicht, wenn er bekannt gibt, die Asylpraxis müsse verschärft werden, das Land und seine Wirtschaft hätten nicht genug Platz, um alle aufzunehmen, die irgendwo vor Entrechtung, Verfolgung und Folter fliehen mußten? Kann er sich nicht vorstellen, was das bedeutet: Entrechtung, Verfolgung, Folter? Oder weiß er – ich könnte ihn verstehen – tatsächlich nicht, wie das Problem gelöst werden soll? Warum dann nicht eine Träne der Ohnmacht, der Hilflosigkeit?

Warum, ach, weint der Sozialminister nicht, wenn er für den Sozialabbau Wörter erfinden und Sätze drechseln muß, die den Sozialabbau in soziale Sicherheit umlügen? Sieht er, der Hochbezahlte, die Not der Unterbezahlten und Arbeitslosen nicht?

Warum, ach, weint der Justizminister nicht, wenn er zusehen muß, wie für Reiche und Einflußreiche ein milderes Recht gesprochen wird als für Unbemittelte, Randfiguren, Fremdarbeiter? Wenn er's vielleicht nicht ändern kann, warum zeigt er dann seine Trauer nicht?

Warum, ach, tun die hohen Herren – und wir mit ihnen! –stets so, als hätte man alles im Griff und wäre alles aufs beste bestellt? Warum das falsche Lachen und Lächeln immer, als wäre die Welt ein Fernsehfilm und das Happy end garantiert?

ora et labora

in fabrikhallen
arbeiten
roboter präzis

in arbeitsämtern
warten
arbeitslose
geduldig

der wirtschaft
gehts gut
viel leuten
gehts schlechter

bete
und arbeite
lehrte benedikt
einst

bete
für arbeit
raten geistliche
jetzt

Angst

1

»In der Welt habt ihr Angst« (JOHANNES 16,33)
und jeden Tag macht die Welt
von neuem Angst,
weil wir fürchten müssen,
daß die gesellige Gottheit
scheitern könnte an ihr
und alles enden wird
(wehe den Kindern, den Enkeln!)
in endloser Verzweiflung.

2

»In der Welt habt ihr Angst«,
jetzt immer mehr,
da der imperiale Imperativ,
dem wir folgten,
sich entpuppt
als Imperativ der Vernichtung:
»Alle Straßen münden
in schwarze Verwesung.« (GEORG TRAKL)

3

Gäb's einen Satan,
könnte nur er es sein,
der jetzt, der unentwegt in sämtlichen Medien
Optimismus verbreitet.
Aus langer Erfahrung weiß er,
daß Pessimisten kaum,

wohl aber Optimisten
ihre Völker ins Verderben führten.

Jesus: kein Optimist.
Seine Angst zittert neben der meinen.
Geselligkeit auch das.

4

»In der Welt habt ihr Angst,
doch fasset Mut,
ich habe die Welt besiegt«,
sagte Er,
heimgesucht oft
von Visionen apokalyptischer Katastrophen,
heimgesucht schließlich
von seiner Individualapokalypse,
der Katastrophe der Kreuzigung -
Christus,
hämmernder Herzschlag unserer Angst,
deus nudus,
Gott nackt,
Spielball der Mächte:
Ihm glaub ich's.

Psalm 75

1 Dem Chorleiter. Nach »Verderbe nimmer«.
Ein Psalm Asaphs. Ein Lied.
2 Wir preisen dich, Gott, wir preisen.
Nah ist dein Name denen, die deine Wunder erzählen.
3 »Wenn ich den Zeitpunkt ergreife,
halte ich gerechtes Gericht.
4 Mag auch die Erde wanken mit all ihren Bewohnern, ich selbst habe ihre Säulen fest gemacht.« Sela.
5 Ich sprach zu den Prahlern: Prahlt nicht!
Zu den Frevlern: Hebt nicht das Horn!
6 Hebt euer Horn nicht zur Höhe,
redet nicht frechgereckten Halses!
7 Denn nicht vom Aufgang oder vom Niedergang
und nicht aus der Bergwüste (kommt) Erhöhung.
8 Nein, Gott ist Richter!
Den einen erniedrigt, den andern erhöht er.
9 Ja, ein Becher ist in der Hand des Herrn
mit schäumendem Wein, mit starker Würzmischung,
und er schenkt ein der Reihe nach,
selbst seine Hefe müssen sie schlürfen,
müssen trinken alle Frevler der Erde.
10 Ich aber will immerdar verkünden,
will spielen dem Gott Jakobs!
11 Er wird alle Hörner der Frevler zerschlagen,
hoch (aber) ragen die Hörner der Bewährten.

1

Die Verse 3 / 4 geben einen Gottesspruch, ein höchstwahrscheinlich im Tempel empfangenes Orakelwort wieder. Die Botschaft ist jedoch keineswegs verrätselt, sie ist klar. Mag's in der Welt tumultuös drunter und drüber gehen, Jahwe wird gerechtes Gericht halten – zu einem Zeitpunkt freilich, den Er allein bestimmen wird, der also nicht vorgegeben ist. So gefährlich die Erde selbst »mit all ihren Bewohnern« ins Wanken kam, Gott hat die Säulen, auf denen sie nach uralter Vorstellung inmitten der Chaosflut steht, fest eingerammt und unerschütterbar gebaut. Eindeutiger kann kaum veranschaulicht werden, daß Gottes Gericht für den Psalm keinesfalls mit dem Welt*ende* verknüpft ist! Das Gericht, das der Gottesspruch ansagt, wird diesseitig und geschichtsimmanent sein. Gerade hierdurch wird es für die Bedrängten, die sich mit den bestehenden Unrechts- und Unterdrückungsverhältnissen nicht abfinden können und wollen, zur großen Hoffnung. Insofern artikuliert der Ausruf »Gott ist Richter!« (8) unentwegte Zuversicht und widerständigen Trotz gegenüber den Prahlern und Frevlern, die ihr »Horn heben« (5), d. h. mit ihrer Macht auftrumpfen, »frechgereckten Halses« reden (6) und ihr Machtkalkül offenbar auch auf Beihilfe (»Erhöhung«) von außen her stützen (7). Doch Jahwe – so das visionäre Bild in Vers 9 – hält für sie schon den Gift- und Taumelbecher bereit, den sie bis zum bitteren Rest werden austrinken müssen. Jedenfalls wird der Richter, der erniedrigt und erhöht (8), »alle Hörner der Frevler zerschlagen« (11), ihnen also das Ansehen und die Macht wegnehmen, letztere »umverteilen« zugunsten der »Zaddikim«, der Bewährten, die nach Gottes Geboten leben.

2

Doch wie? Kann der Gottesspruch 3 / 4 auch heute noch Zuversicht vermitteln? Heute, da – um nur Beispiele zu nennen – die »Prahler« und »Frevler« mittels Kernspaltung und Genmanipulation verändernd in die innerste Struktur von Materie und Schöpfung eindringen? Die Naturwissenschaften sind (»frechgereckten Halses«!) »ein imperialistischer Angriff auf die Natur« geworden

(Erwin Chargaff). Werden die »Säulen« (4) der Welt auch diesem Angriff standhalten können? Oder werden sich die Ahnungen nicht unbedeutender Geister bewahrheiten: »Die Wissenschaft ist der Baum des Todes« (William Blake); »Alles Verderben wird zuletzt von den Naturwissenschaften kommen« (Sören Kierkegaard); »Der Zweck der Wissenschaft ist die Weltvernichtung« (Friedrich Nietzsche)?

Der Glaube, es ist wahr, weiß von Gottes Wundern zu erzählen (2). Es sind Geschichtswunder der Vergangenheit, es sind nach wie vor die Wunder der Schöpfung. Dennoch gibt sich der Glaube keinen Illusionen und keinem billigen Optimismus hin; bereits das Spätjudentum und Jesus haben mit der Möglichkeit apokalyptischer Katastrophen gerechnet. Wir wissen nicht, ob Gott den Gift- und Taumelbecher für die hybriden Weltbemächtiger auch heute bereithält, ob sein rettendes und geschichtsimmanentes Gericht die bedrängten Elenden, die bedrängte Schöpfung noch einmal retten wird. Wußte es der Verfasser des 75. Psalms? Er *wußte* es ebenfalls nicht! Der Tempelchor aber sang sein Lied nach der Melodie »Verderbe nimmer« (1).

gleichnis in der progression

verlorener
als der verlorene sohn
im elend
verlor sich
der sohn
des verlorenen sohnes
im überfluss

        er landete
        nicht am schweinekoben
        sondern hoch oben

        statt von trebern im kummer
        nährt er sich lustvoll
        mit spargelspitzen und hummer

verlorener
als der verlorene sohn
und die seinen
wartet
des sohnes
verlorener vater
bei hirten und schweinen

XIV

Götze Ewigkeit oder Ewigkeit Gottes?

Worin, unter anderem, unterscheidet sich Gott von seinen Geschöpfen? Durch seine Ewigkeit. So lehrt die Theologie seit jeher: Wir sind zeitlich, er ist ewig.

Genau genommen kann »ewig« als Eigenschaftswort nur Gott beigeordnet werden und ist das Hauptwort »Ewigkeit« ein anderes Wort für Gott. Löst man dieses Wort von Gott und verselbständigt es, so wird ein Götze daraus. Chesterton hat diese verselbständigte Ewigkeit einprägsam apostrophiert: »Ewigkeit, der größte der Götzen, Gottes gefährlichster Konkurrent.«

Wissen wir Sterbliche überhaupt, was Ewigkeit ist? Wir wissen es nicht, können es nicht wissen. Darum wird so viel über sie spekuliert. Dennoch entzieht sie sich unserem Denken stets von neuem und bleibt, was sie ist: ein Geheimnis der göttlichen, nicht der menschlichen Existenz.

In der Regel haken unsere Gedanken denn auch nur an einem bestimmten Punkt ein, an dem für uns schmerzlichsten, nämlich an der Tatsache, daß wir sterben müssen. Ewigkeit wird so zur Unsterblichkeit. Ach, wir möchten doch so gerne unsterblich statt sterblich sein! Was diese Unsterblichkeit sein soll, bleibt freilich unklar. Der Dichter Dr. Owlgass reimte:

> »Unsterblichkeit? Ich schätz' sie hoch,
> wird sie nur recht verstanden:
> man lebt so weiter und ist doch
> gottlob nicht mehr vorhanden.«

Oft steht hinter dem Wunsch nach Unsterblichkeit die blanke Unverschämtheit des Ego, das eben doch so sein möchte wie Gott selbst: »Oh, krüpplichte Unsterblichkeit, die unser jämmerliches Ich, mit all seinem Unrat, so dünn und kläglich, ins unendliche fortspinnen möchte!« (Arno Schmidt) Und tatsächlich legt die Bibel solcher Unverschämtheit des Ego gleich wieder einen Riegel vor mit der Feststellung, daß Gott allein Unsterblichkeit hat (1. Timotheus 6,16)

Unsterblichkeit ist jedoch nur ein und vielleicht nicht einmal der wichtigste Aspekt der Ewigkeit. Wie denn überhaupt alle quantitativen Vorstellungen (endlos, unbegrenzt, zeitlos usw.) das Geheimnis der Ewigkeit banalisieren. Geht es in der Ewigkeit nicht um eine andere *Qualität?* So wie Gott selbst eine andere *Qualität* ist? Noch einmal: »Ewigkeit ist nichts anderes als Gott selbst.« (Thomas von Aquin)

Um ganz persönlich, ganz subjektiv zu sprechen: Ich glaube, daß ich von Gott nicht für die Ewigkeit, sondern für ein zeitliches Leben geschaffen worden bin. Ich halte es sogar für ziemlich unanständig, ewig leben und somit wie Gott sein zu wollen. Ewig Kurt Marti oder ein ewiger Kurt Marti sein zu müssen – unausdenkbar, entsetzlich! Damit wäre ich ja selber zum Götzen, zu Gottes – zwar nicht gefährlichem, aber lächerlichem – Konkurrenten geworden! Ich lebe gern, aber muß es deswegen gleich ewig sein – ewig im Sinne von endlos, nicht mehr aufhörend?

Welches ist denn aber meine Hoffnung hinsichtlich eines »Nachher«? Weil ich gern lebe, möchte ich, daß das Leben weitergeht und andere ebenfalls gern leben können in einer Welt, die lebenswert bleibt. Ein bißchen, wie Ernst Jandl schreibt:

»wir sind die menschen auf den wiesen
bald sind wir menschen unter den wiesen
und werden wiesen, und werden wald
das wird ein heiterer landaufenthalt.«

Salopp? Vielleicht. Dennoch der Wunsch, die Bitte fast schon, daß die Wiesen, der Wald nicht mit uns, durch uns sterben, vielmehr mit uns, durch uns leben.

Doch zugegeben: die Verwandlung in das Leben von Erde, Wiese, Baum genügt mir nicht. Zu gerne würde ich – unbescheiden genug! – etwas vom Geheimnis Gottes erfahren dürfen. Also doch Ewigkeit? Ja, aber diejenige Gottes! *Davon* möchte ich noch etwas »sehen« dürfen, wenigstens einen Zipfel, einen Lichtstreifen oder was immer. Und ich stelle mir vor, daß ein solcher Anblick, und wär's nur ein Augen-Blick, genügen würde für immer, daß danach kein Wunsch mehr offen bliebe, kein weiteres Leben noch erstrebenswert, noch sinnvoll wäre. Danach gäbe es nichts mehr, doch wäre dieses Nichts nunmehr ein göttliches, kein nihilistisches.

Ich weiß, ich lasse mich mit solchen Phantasien weit auf die Äste hinaus, zu weit vielleicht, denn alsbald habe ich keine Worte mehr für das, was in mir eine Art Bild ist, wobei allerdings auch »Bild« bereits ein unzulängliches Wort ist, denn dieses Bild ist nicht starr, es fluktuiert, oszilliert und läßt mich so merken, wie wenig ich im Bilde bin.

Dennoch: falls ewiges Leben eine solche Gewahrung, Berührung von Gottes Gegenwart meint – ob Schau, ob Ekstase oder was immer –, dann ja, dann erhoffe ich es, freue mich darauf! Ein ins Endlose erstrecktes Weiter-Leben in endlos gewordener Zeit – diese falsche Ewigkeit, dieser Götze und Gotteskonkurrent! – hätte für mich dagegen nicht die geringste Anziehungskraft, im Gegenteil, es stieße mich ab.

In theologischen Begriffen formuliert: meine Hoffnung ist nicht die Unsterblichkeit, sondern die Auferstehung in jene überwältigende Gegenwart Gottes, von der ich eben zu sprechen versuchte. Mit Unsterblichkeit meint die Überlieferung Unsterblichkeit der Seele, womit dieser Unverderblichkeit endlose Dauer zugesprochen wird. Was immer man unter »Seele« verstehen mag – ich glaube nicht, daß irgendein Teil des Menschen unsterblich ist. Im Tod sterben Körper und Seele – diese Zwillinge! – gleichermaßen. Dafür meine ich mich auf die Bibel und das biblische Menschenbild berufen zu können.

Das Alte Testament kennt überhaupt kein »Nachher«, kein individuelles Sein nach dem Tode. Das ist um so imponierender, weil mit dieser radikalen Diesseitigkeit bekanntlich eine ebenso radikale Leidenschaft für Gott verknüpft ist.

Das Neue Testament spricht von Auferstehung, Auferweckung – in Analogie zur Auferstehung Jesu – als von einer Auferstehung, Auferweckung des *Leibes*! Von »Seele« ist in diesem Zusammenhang nicht die Rede.

Ich, ein Unverständiger in diesen Dingen, verstehe das so (weil auch Unverständigkeit nicht ohne Vorstellung auskommt): einmal noch soll der ganze Mensch der Gegenwart Gottes gewürdigt werden, die in ihrer Qualität und Ewigkeit weit mehr ist als ein seelisches Geschehen, eine Ekstase der Materie vielleicht, ein Zu-sich-selber-Finden gerade der Leiblichkeit: »Leiblichkeit ist das Ende der Werke Gottes« (Oetinger). Und darin eingeschlossen die erfüllte Gerechtigkeit, die auch erfüllte Leiblichkeit ist, so wie Ungerechtigkeit und Elend versagte, vorenthaltene, zerstörte Leiblichkeit sind. Darum bleibt in der Auferstehung des Leibes durchaus das Gericht über diejenigen mitgedacht, die andere an der Erfüllung ihrer Bedürfnisse und Möglichkeiten gehindert haben.

Verstehe ich das alles aber richtig?

Wahrscheinlich nicht. Dennoch scheint mir, was ich weder richtig verstehen noch zulänglich formulieren kann, befriedigender und einleuchtender als jene leichter formulierbaren Vorstellungen, die bloß auf die Endlosigkeit uns bekannter Größen (Zeit, Leben, Welt) hinauslaufen und – konsequent durchdacht – eher etwas mit einer Hölle als mit dem zu tun haben, was die religiöse Tradition Himmel nennt.

Auferstehung des Leibes also!

Aber sie verschlägt uns nicht nur den Atem, sondern auch das Denken. Wir reden und wissen im Grunde nicht, wovon wir reden. Wir stellen uns vor, was, weil Auferweckung eine Tat Gottes ist, unvorstellbar bleibt, eine »heilige Fremde« (Hölderlin). Vermutlich betrachtet Gott unsere Gedankenturnerei über Zeit und Ewigkeit wie unsereins Kinderzeichnungen anschaut: mit nachsichtiger Großzügigkeit. Entscheidend sind nicht unsere Vorstellungen übers »Nachher«, entscheidend ist das Jetzt – »Rien qu'aujourdhui«, nichts als heute (Therese von Lisieux) – und die Einsicht, daß Nichtlieben Tod (schon jetzt), Lieben aber Leben (ewig schon jetzt) ist.

ozean

»das alter? ein s_c h^i f f^b r_u _ch«

(charles de gaulle)

    doch was
kann schlimm daran sein
   wenn gott der
     OZEAN
       ist
        ?

was wird kommen?

kommen wird die nacht
  gemüt und gehaben gewinnen kenntlichkeit
kommen wird der schlaf
  allein noch mögliche rückkehr zur natur
kommen werden träume
  der umgang mit mutierten vergangenheiten
kommen wird der morgen
  die verwunderung nur wenig verändert noch immer
  vorhanden zu sein
kommen wird die zeitung
  wirbel und wahn vom lay-out geordnet
kommen werden umbrüche krisen
  kaffeesatz und börse liefern nur ungenaue prognosen
kommen wird soziale kälte
  still auf der lauer liegt der barbar im eigenen herzen
kommen werden bessere zeiten
  für wen aber? und für wen eher nicht?
kommen wird der briefträger
  vielleicht mit einer schon nicht mehr erwarteten botschaft
kommen wird der kehrichtwagen
  müllsack um müllsack fliegt hinein
kommen wird der leckschutzgerätkontrolleur
  mit elektroprüfer und schraubenzieher
kommen werden mancherlei leute
  unsicher oft/unbedingt immer: irreduktibel auf eigenes
kommen werden gesichter
  schutzlos nackt und elementar
kommen werden tage
  da kein gesicht sich zeigt
kommen werden zeiten
  wo kein körper den deinen berührt
kommen wird leere
  ataraktischer stillstand acedia animi

kommen wird der wahre jakob
  der den panzer der lebenslügen abbricht
kommen wird das ganz andere
  doch ohne spektakel wie unter der hand
kommen werden winde
  die nichts und niemand aufhalten kann
kommen werden wolken
  beladen mit meer
kommen wird regen
  von dessen rauschen ein großes schweigen ausgeht
kommen wird schnee
  der alle spuren tilgt

Musik, Stille

Stellt die Tatsache, daß es Musik gibt, die Reduktion göttlicher Kundgaben allein auf das Wort nicht in Frage? Kein Zufall vielleicht, daß gerade in den protestantischen »Kirchen des Worts« die Kirchen*musik* sich so machtvoll, so reich entfaltet hat, kompensatorisch gleichsam. Sie zeigt, daß der Mensch nicht vom Wort allein lebt.

*

Eine Stimme, auch Gottes viva vox, ist zunächst und bleibt immer auch ein musikalisches Phänomen. Als solches scheint Moses einst auf dem Berg Sinai Jahwes Stimme vernommen zu haben, die unter Erdbeben, mit Blitzen und Donner wie aus anschwellendem »Posaunenschall« heraus erging (2. Mose 19,16.19). Ungeklärt bleibt, inwiefern die Fortissimi dieses »Schalls« naturhafte Begleitmusik oder »Schall« der Gottesstimme war. Daß es aber Entsprechungen geben könnte zwischen der Stimme Gottes und einer tonalen Stimmigkeit der Welt, ist immer schon vermutet worden.

*

Musik vermittelt nicht Inhalte, sondern *Beziehungs*verhältnisse in der Form von Klängen und Klangfolgen (vgl. Johannes 1,1: »Im Anfang war die Beziehung«). Bekannt ist, daß Pythagoras der Welt musikalische Grundstrukturen zuschrieb. Weniger bekannt, daß auch das christliche Mittelalter eine für das menschliche Ohr allerdings nicht vernehmbare »musica mundana« (Boëthius) annahm, eine Welt-Musik. Diese Annahme entspringt dem Glauben, daß die Welt, so wie Gott sie geschaffen hat, »stimmt«, daß in ihr alles mit allem übereinstimmt und deshalb insgeheim klingt, singt, musiziert. Einzig das Verhalten und Treiben der Menschen bringt schrille Mißtöne, Dissonanzen, in die »musica mundana«.

Das Konzept der »musica mundana« nahm Einsichten der Ökologie in den Zusammenhang aller natürlichen Lebensverhältnisse vorweg. Nur daß, was heute mit ökologischem Vokabular erfaßt wird, damals in musikalischen Termini formuliert worden ist und der Zusammen*hang* von allem mit allem als Zusammen*klang* gedeutet wurde. Ob aber unter musikalischem, ob unter ökologischem Aspekt: Beide Sichtweisen gehen von einer ursprünglichen und nach wie vor unabdingbaren Stimmigkeit oder »harmonia mundi« aus, biblisch also von der Primärqualifikation: »Und Gott sah, daß es gut war (1. Mose 1). Vermutlich *hörte* Er zugleich, daß es gut war...

*

Ausgangs- und bleibender Bezugspunkt aller Musik ist die Stille. Darauf hat der experimentelle Komponist John Cage mit seiner Musik und in verbalen Äußerungen hingewiesen, inspiriert vom Zen-Buddhismus ebenso wie von Meister Eckart. Doch auch schon die »musica mundana« der mittelalterlichen Theorie »durchstimmt die Welt als ein Unhörbares, das dem Ohr des Menschen zwar verborgen bleibt, aber als die geheimnisvolle Stille ... Voraussetzung ist für Ton und Harmonie«, für die »musica humana« und die »musica instrumentalis«. (Walter Frei)

*

Sprung in eine ganz andere Kultur! Der große indische Sitar-Spieler Ravi Shankar sagte: »Es gibt zwei verschiedene Sounds. Der eine ist der Sound, den man hören kann, den anderen kann das menschliche Ohr normalerweise nicht mehr wahrnehmen. Das ist der Sound, den die Yogis suchen. Er ist das Tor zum Siddhi, was das Erreichen der letzten Erkenntnis bedeutet.«

Im Laufe des Lebens lernen wir verschiedene Arten von Stille kennen: heitere/finstere, erfüllte/entleerte, befreiende/beängstigende. Und so weiter. Eine Typologie der verschiedenen Stillen fehlt freilich noch, ebenso eine Geschichte des Lärms, der eine Geschichte auch der Stille entsprechen könnte. In ihr fiele der Musik eine Schlüsselrolle zu.

*

Gibt es aber tatsächlich eine Stille, die, weil uranfänglich, jenseits des Wechselspiels zwischen Stille und Lautheiten verschiedenen Grads (von der Musik bis zum Lärm), jenseits auch unserer Wahrnehmungsmöglichkeiten bleibt? Ein ungeschaffener göttlicher Sound (so wie die Theologie von Seinem ungeschaffenen Licht spricht), der, wenn überhaupt, nur als Stille von uns wahrgenommen werden kann? Der lärmenden Betriebsamkeit im Jerusalemer Tempel stand jedenfalls die jeder Störung entzogene Stille in der allerheiligsten Tempel-Cella gegenüber, wo Jahwe Seinem Volk je und je nahe war. Eine Stille, die sich nach der Schleifung des Tempels fortsetzte im jüdischen Beschweigen resp. Nichtaussprechen des göttlichen Namens. Es wahrte im Reden, gerade auch im liturgischen, betenden Reden, die Stille dessen, über den hinaus nichts Einfacheres und Lebenswichtigeres gedacht werden kann.

*

Aus dieser Stille gehen alle Dinge hervor, nicht nur die Musik. In diese Dinge kehren alle Dinge zurück, auch die Musik. Ebenfalls aber ist es diese Stille, die uns reden heißt und im Reden gegenwärtig bleiben will, bald mahnend und kritisch, bald öffnend und befreiend. Die Stille will von unserem Reden nicht vertrieben, sie will in es eingelassen, von ihm auch weitergegeben werden, zusammen mit SEINEM Namen.

dahingehen

alt sein
kleiner werden
erdwärts wachsen
dahingehen
unter die erde kommen
ruhe finden
bei wurzeln sein
kein ohr mehr haben
die stimme hören

Frage

Manchen bin ich einiges, einigen bin ich vieles
                              schuldig geblieben.
Und die Zeit läuft davon.
Wessen Liebe kann das noch gutmachen?
Die meine nicht.
Nein, die meine nicht.

XV

Zwischen Tod und Geburt

Das sehnsüchtige Harren der Schöpfung wartet auf das Offenbarwerden der Herrlichkeit der Kinder Gottes. Denn der Nichtigkeit wurde die Schöpfung unterworfen, nicht, weil sie es wollte, sondern wegen des Unterwerfenden. Dies geschah auf Hoffnung hin, weil die Schöpfung selbst befreit werden soll von der Knechtschaft des Verderbens zur Freiheit der Herrlichkeit der Kinder Gottes. Denn wir wissen, daß die ganze Schöpfung insgesamt seufzt und in Geburtswehen liegt bis jetzt.
Römer 8, 19 - 22

Ich mag die Bibel, weil sie so bodennah realistisch, zugleich so visionär ist.

Ich mag das Alte Testament, weil da so ungeschminkt von irdischer List und Lust, von Kampf und Grausamkeit die Rede ist. Zugleich aber pflanzt dasselbe Alte Testament visionäre Bilder von einer trotzdem gelingenden, trotzdem befriedeten Welt in unsere Köpfe und Herzen. Und diese Bilder, diese Visionen sind so stark, so elementar, daß sie zu jeder Zeit wieder auferstehen können, so wie etwa jetzt in West und Ost die Heilvision der Propheten Micha und Jesaja: » Und sie werden ihre Schwerter zu Pflugscharen schmieden und ihre Spieße zu Rebmessern.« (Micha 4,3)

Und dann, natürlich, mag ich das Neue Testament, weil in ihm erst recht die konfliktreiche Spannung vibriert zwischen dem, was ist, und dem, was trotzdem werden kann. Vom Kindermord in Bethlehem bis zur Hinrichtung Jesu, von der Steinigung des Stephanus bis ins blutrot gefärbte Märtyrerbuch der johanneischen Apokalypse bezeugt das Neue Testament die leidvolle, die grausame Realität unserer Welt. Gleichzeitig bricht in der Verkündigung Jesu, bricht im österlichen Triumph des Auferstandenen, bricht in der Vision vom neuen Jerusalem am Schluß der Bibel immer wieder die Hoffnung auf, daß wir Menschengeschöpfe und die von uns bestimmte Welt doch noch gelingen können.

Hier nun, im gehörten Paulus-Text, wird die ungeheure Spannung zwischen Realitätserfahrung und Utopie, zwischen Illusionslosigkeit und Hoffnung ausgedrückt im Bild einer schwangeren Frau, die sich in Geburtswehen windet: »Denn wir wissen, daß die ganze Schöpfung insgesamt seufzt und in Geburtswehen liegt bis jetzt.«

Wohlverstanden: nicht die Menschheit allein mit ihrer problematischen Geschichte, auch die scheinbar geschichtslose Natur und so eben »die Schöpfung insgesamt«, die Schöpfung als Geist und Leib, als Leben und Materie, seufzt und liegt in Geburtswehen »bis jetzt«!

Geburt bedeutet Krise auf Leben und Tod, heute zum Glück weniger als noch zur Zeit des Paulus, wo der Tod bei einer Geburt ständig mit anwesend war, wo die Mütter- und Säuglingssterblichkeit beträchtlich gewesen ist.

Krise also! Und wer dächte jetzt nicht an die Krise unserer heutigen Welt, in der es ebenfalls um Leben und Tod von uns allen geht, so daß sogar die Substanz der Welt auf dem Spiele steht, nämlich die Natur, von der wir leben, wie auch die eigene Natur, d. h. unsere biologische und erbbiologische Substanz.

Nein, wir wissen nicht, wie das noch kommen wird. Noch sind zu viele Optimisten, zu viele Verharmloser am Ruder, deren erstaunliche Angstlosigkeit uns wahrhaftig Angst machen muß.

Und dennoch besteht, solange wir atmen, die Möglichkeit, daß selbst diese totale Krise neues Leben hervorbringt, daß es sich dabei um Geburtswehen handelt. Wem das unmöglich vorkommt, dem sei mit Jesus gesagt: »Bei den Menschen ist's unmöglich, bei Gott aber sind alle Dinge möglich.« (Matthäus 19,26)

Hüten wir uns aber vor jenem finsteren Wunderglauben, wie er ja nicht nur vom amerikanischen Umweltminister vertreten wird, der bisherige Umweltschutzmaßnahmen planmäßig abbaut zur Freude der Industriellen und mit der fatalen Begründung, demnächst werde Jesus ohnehin wiederkommen, worauf dann sowieso alles gut werde.

Paulus sagt es anders. Nicht eigentlich auf die Wiederkunft Jesu wartet die Schöpfung, sondern: Das sehnsüchtige Harren der Schöpfung wartet auf »das Offenbarwerden der Herrlichkeit der Kinder Gottes«, also darauf, daß *wir*, die Menschen, das werden, wozu wir bestimmt wären, nämlich Kinder Gottes, die mit der Schöpfung im Sinne des Schöpfers umgehen lernen, so daß alles, das Leben von uns Menschen und das Leben der Natur, im Glanz göttlicher Herrlichkeit und Fraulichkeit erstrahlen kann.

«Denn der Nichtigkeit wurde die Schöpfung unterworfen, nicht, weil sie es wollte, sondern wegen des Unterwerfenden.«

Hier klingt wohl jene Stelle der Schöpfungserzählung an, wo Gott den Menschen beauftragt, die Erde treuhänderisch zu regieren. (1. Mose 1,28)

Man mag bedauern, daß Gott uns Menschen so viel Macht verliehen hat. Dennoch bleibt es eine Tatsache, wir sehen's ja auf Schritt und Tritt: das Schicksal der Erde ist abhängig vom Verhalten der Menschen. Darum können wir tatsächlich die gesamte irdische Schöpfung mit uns in den Abgrund der Nichtigkeit, des Nichts-Seins, reißen. Die Natur selber will dies nicht, sie bleibt uns aber ausgeliefert, weil Gott sie unserer Obhut anvertraut hat. So jedenfalls glaube ich den Satz verstehen zu müssen: »Denn der Nichtigkeit wurde die Schöpfung unterworfen, nicht, weil sie es wollte, sondern wegen des Unterwerfenden« – d. h. wegen des Menschen, der sich die Erde unterwerfen kann, sich aber in seinem Größen- und Profitwahn von Gott abgekehrt hat.

War es vielleicht also doch ein Irrtum von Gott, uns Menschen die Erde anzuvertrauen? Die Frage stellt sich, aber Paulus sagt: »Dies geschah auf Hoffnung hin, weil die Schöpfung selbst befreit werden soll von der Knechtschaft des Verderbens zur Freiheit der Kinder Gottes.«

Paulus glaubt also, daß Gott trotz allem auf uns Menschen hofft. Durch die »Knechtschaft des Verderbens«, des Todes, wird unser heilloser Wahn begrenzt: eine Schutzmaßnahme, keine endgültige Setzung! Gott hofft auf neue, verwandelte Menschen, die, von ihrem heillosen Wahn befreit, auch frei von der Knechtschaft des Verderbens werden können.

Wiederum: welch eine Vision, was für eine Perspektive!

Sie zeigt eine Schöpfung, die noch nicht fertig ist. Vor allem wir, die Menschen, sind noch unfertig, sind offenbar noch nicht das, was wir sein könnten und was wir werden sollen. Ganz nah berührt sich die Vision des Paulus mit derjenigen des Johannes im 1. Johannesbrief: »Jetzt sind wir Kinder Gottes und noch ist nicht offenbar geworden, was wir sein werden. Wir wissen aber, daß wir, wenn es offenbar geworden ist, ihm gleich sein werden...« (1. Johannes 3,2)

Auf diesen zukünftigen Menschen richtet sich »das sehnsüchtige Harren der Schöpfung«, die aus unserer Hand jetzt so viel Unheil empfängt, einst aber ihr Heil empfangen soll. Darauf hofft Gott. Hoffte er nicht mehr darauf, so wären wir vermutlich schon nicht mehr da. So aber bleibt die Schöpfung trotz allem guter Hoffnung.

Es mag seltsam tönen, wenn ich sage, daß Gott hofft. Meistens denken wir ja: was er will, das tut er umgehend auch – was braucht er da noch zu hoffen?

Allein, das Geheimnis der Schöpfung besteht darin, daß hier alles mit allem zusammenhängt. Jeder Eingriff von außen bringt alles, bringt das Ganze in Gefahr. So hat es der Schöpfer gewollt. Und darum bleibt das Schicksal der irdischen Schöpfung mit dem Verhalten der Menschen verknüpft und Gott selber bildet durch Christus und durch seinen Heiligen Geist mit uns Menschen und mit der Schöpfung so etwas wie ein Biotop höherer Ordnung. Das, nur das, ist unsere Chance!

Gott handelt, Gott leidet, er leuchtet auf und er verdunkelt sich in der Art und Weise, wie wir, die Menschen, miteinander und mit der Schöpfung umgehen.

Nichts kann ihn trennen von uns, seinen Geschöpfen, nichts kann ihn trennen von seiner Schöpfung. Es gibt keinen Bereich des privaten und des öffentlichen Lebens, in dem wir's nicht immerzu neu mit ihm zu tun bekämen, sei es in Erfahrungen der Niederlage und des Kreuzes, sei es in Erfahrungen der Auferstehung, wo man sie nicht mehr für möglich gehalten hat.

Das, liebe Gemeinde, habe ich während etwas mehr als 22 Jahren von dieser Kanzel aus zu predigen versucht. Daß ihr immer wieder so zahlreich gekommen seid, ermutigt mich im Glauben, daß Paulus nicht leere Worte macht, wenn er vom sehnsüchtigen Harren der Schöpfung spricht. Euer engagiertes Mitgehen ist mir selber zur Predigt geworden und bestärkt mich in der Gewißheit, daß zusammen mit der Schöpfung auch die Gemeinde Jesu Christi »in Geburtswehen« liegt auf das Neue hin, das kommen soll, auf das Reich Gottes.

Gebet

Deine Gegenwart,
o Gott,
gibt uns Mut zur Zukunft.
Deine Hoffnung stellt uns auf.
Gib uns, wir bitten Dich, mehr liebende Phantasie
füreinander, mehr liebende Phantasie für die
Schöpfung insgesamt.
Belebe Deine Kirche, hier in unserer Gemeinde
und überall in der Ökumene.
Laß uns nicht konfliktscheu werden im Kampf für
Deine Sache.
Verlaß uns nicht im Leiden.
Denn Du bist das Leben auch unseres Lebens,
jetzt und in Ewigkeit.
AMEN
   (Abschiedspredigt 24. April 1983)

Die Texte wurden folgenden Büchern entnommen:

Abdullahs Traum; Der Name; Herausforderung; Moses steigt vom Sockel:
  Fromme Geschichten, 1994
am holz; das licht; das reich der himmel; der arbeiter; die frauen am ostermorgen; geburt; gleichnis in der progression; ich habe gelernt; schriftgelehrte; streiklied; weihnacht:
  geduld und revolte. die gedichte am rand, 1984
Angst; Die Enteignung; Die gesellige Gottheit am Werk; Die Religionen, der Schalom; Erwählter Planet; Gerechtigkeit; Geschichte, Ostern; Heiliger Geist:
  Die gesellige Gottheit. Ein Diskurs, 1989
anrufungen; bitte; dahingehen; die hoffnung; die redlichen; ganz werden; gegenwendig; katechismusfragen; lobpreis; ora et labora; ozean; psälmlein; schatten; sich öffnen; was ist schön?; 2-fel:
  gott gerneklein, 1995
Brot und Wein; Gedanken zur Weiblichkeit Gottes; Glaube und Eros; Götze Ewigkeit; Immer bist Du es; Jesses!; Konfession als Ausgangspunkt. Mein Atem geht; Ungrund; Vertrauen – doch auf welchen Gott?; Was die Bäume lehren; Wer ist Jesus Christus für Sie?:
  O Gott! Essays und Meditationen, 1986
Das Geheimnis des göttlichen Lachens; Feste – Zeichen der Freiheit, der Versöhnung; Fragen; Mein Leben ist kein Kunstwerk; Morgengebet vor dem Badezimmerspiegel; Vorhaltungen; Wütendes Liebeslied:
  Lachen, Weinen, Lieben. Ermutigungen zum Leben, 1985
Der Name; Leihgabe; Musik, Stille; Pfingsten; Seestern im Ozean; Wort, Geist; Zorn:
  Von der Weltleidenschaft Gottes. Denkskizzen, 1998
Ermattung; Konformismussog; Frage; Hoffnung; Nie hab' ich Dich gesucht; So zart ist die Gottheit; Was ich brauche; Wünsche; Zweites Lied für die Erde:
  Ungrund Liebe. Klagen - Wünsche - Lieder, 1987
PARABURI:
  PARABURI. Eine Sprachtraube, Neuauflage 1991
Psalm 2:
  Die Psalmen Davids. Annäherungen, 1991
Psalm 65:
  Die Psalmen 42 - 72. Annäherungen, 1992
Psalm 75:
  Die Psalmen 73 - 106. Annäherungen, 1992
was wird kommen?:
  RADIUS-Almanach 1997/98
Zwischen Tod und Geburt:
  Schöpfungsglaube. Die Ökologie Gottes, 1983

Sämtlich erschienen: Im Radius-Verlag, Stuttgart

Lieferbare Radius-Bücher. Eine Auswahl

Allgemeines Programm

Heinz Abosch: Flucht ohne Heimkehr.
  Aus dem Leben eines Heimatlosen
Gerhard Begrich: Engel und Engelgeschichten in der Bibel
Peter Bichsel: Für Peter Härtling. Eine Festgabe
Peter Bichsel: Möchten Sie Mozart gewesen sein?
  Meditation zu Mozarts Credo-Messe
Verena Böhm: Die Zärtlichkeit der Steine
Rudolf Bohren: Schnörkelschrift. 92 Geschichten
Helmut Braun: Ich bin fünftausend Jahre jung.
  Zur Biographie von Rose Ausländer
Wolfgang Erk: Autoren zu Gast - zu Gast bei Autoren.
  Journal eines Verlegers 1978 - 1998
Wolfgang Erk (Hrsg.): Für Christoph Eschenbach.
  Eine Festgabe
Wolfgang Erk (Hrsg.): Literarische Auslese.
  Texte für jeden Tag des Jahres
Wolfgang Erk (Hrsg.): Für diesen Tag und für alle Tage
  Deines Lebens. Ein Brevier
Richard Exner: Gedichte 1953 - 1991
Richard Exner / Jan Wawrzyniak: Gedichte / Zeichnungen
Eberhard Fincke: Die Wiederentdeckung der sozialen
  Intelligenz
Eberhard Fincke: Gesang gegen die herrschende Meinung.
  Das Vaterunser - ein Fingerreim
Helmut Franz: Die Geburt Abrahams.
  Zur Ankunft des Subjekts in der Geschichte
Traugott Giesen: Carpe diem. Pflücke den Tag
Traugott Giesen: Festes Herz, weiter Horizont
Traugott Giesen: Hiersein ist herrlich. Urlaub und Alltag.
  366 Gedanken. Texte für jeden Tag des Jahres
Traugott Giesen: Ich kann von Glück sagen. 30 Lockrufe
Traugott Giesen / Hans Jessel: Sylt für die Seele.
  45 Texte, 45 Farbfotos

Gustav-Heinemann-Initiative (Hrsg.): Dokumentationen der Jahrestagungen seit 1978
Hannah Green: Ich hab dir nie einen Rosengarten versprochen. Bericht einer Heilung
Peter Härtling: Das Land, das ich erdachte. Gedichte
Peter Härtling: Das wandernde Wasser
Peter Härtling: Für Ottla
Peter Härtling: Melchinger Winterreise
Peter Härtling: Notenschrift. Worte und Sätze zur Musik
Peter Härtling: Und hören voneinander. Reden aus Zorn und Zuversicht
Peter Härtling: Vor Bildern. Für Maler. Porträts in Worten
Peter Härtling / Jürgen Brodwolf: Sternbilder. Gedichte / Arbeiten auf Papier
Peter Härtling / Christoph Haacker (Hrsg.): Hörst du's schlagen halber acht. Die Welt der Schule...
Markus Haupt / Bernard Schultze: Gedichte / Ölmalerei
Dirk Heinrichs: Den Krieg entehren. Sind Soldaten potentielle Mörder?
Dirk Heinrichs: Fallkraft der Feigheit. Drei Essays zur politischen Kultur
Klaus-Peter Hertzsch: Der ganze Fisch war voll Gesang
Klaus-Peter Hertzsch: Nachdenken über den Fisch
Reinhard Höppner: Segeln gegen den Wind
Gerhardt Hoffmann: Mein Herz hat mich verlassen. Roman
Internationale Gesellschaft der Bildenden Künste (Hrsg.): Kunst lehren?
Inge Jens / Walter Jens: Vergangenheit - gegenwärtig
Walter Jens: Das A und das O. Die Offenbarung des Johannes
Walter Jens: Die Zeit ist erfüllt - die Stunde ist da. Markus
Walter Jens: Und ein Gebot ging aus. Lukas
Walter Jens: Am Anfang das Wort. Johannes
Walter Jens: Die vier Evangelien. Matthäus, Markus, Lukas, Johannes
Walter Jens: Ein Jud aus Hechingen
Klaus Kießling: Psychotherapie - ein chaotischer Prozeß?
Erika Kitter: Multiple Sklerose. Leben mit einer Krankheit

Christoph Klimke: Der Test
Christoph Klimke: Wo das Dunkel dunkel genug. Gedichte
Christian Krause: Aus Geschichte lernen. Reden
Jo Krummacher / Hendrik Hefermehl: Ratgeber KDV
Gerd Lüdemann / Martina Janßen: Bibel der Häretiker.
  Nag Hammadi
Gerd Lüdemann / Alf Özen: Was mit Jesus wirklich
  geschah
Horst Lütten: Mein Herz schlägt für Kain. Genesis 1 - 11
Horst Lütten: Wie wurde Wasser zu Wein?
  Geschichten aus dem Neuen Testament
Henning Luther: Religion und Alltag
Kurt Marti: Der Heilige Geist ist keine Zimmerlinde
Kurt Marti: Fromme Geschichten
Kurt Marti: geduld und revolte. die gedichte am rand
Kurt Marti: Die gesellige Gottheit. Ein Diskurs
Kurt Marti: gott gerneklein. gedichte
Kurt Marti: Von der Weltleidenschaft Gottes. Denkskizzen
Gerhard Marcel Martin: Das Thomas-Evangelium
Gerhard Marcel Martin: Vogel-frei
Pierangelo Maset: Ästhetische Bildung der Differenz
  Kunst und Pädagogik im technischen Zeitalter
Marietta Peitz: Die Sonnenrückseite der Träume.
  Einblicke in die Welt der Karibik
Marietta Peitz: Ich sollte Lilien pflanzen, ehe ich gehe.
  Tagebuch des Älterwerdens
DAS PLATEAU. Die Zeitschrift im Radius-Verlag
  Erster bis elfter Jahrgang, No. 1 bis No. 62
RADIUS-Almanach 1978/79 bis 2000/2001. 23 Ausgaben
Günter Radtke: Notizen zur greifbaren Nähe
Ruth Rehmann: Der Oberst begegnet Herrn Schmidt
Johannes Richter: Innen und außen. Gedichte
Karl-Heinz Ronecker: Friede sei in deinen Mauern
Gundi Scharpf: Menschenaffen in der Wilhelma
Klaus Schmidt: Gerechtigkeit - das Brot des Volkes.
  Johanna und Gottfried Kinkel. Eine Biographie
Gerhard Schneider: Die Katze im Stall von Bethlehem.
  Weihnachtsgeschichten

Gerhard Schneider: Schuld wirft lange Schatten. Ein Fall für
   Pfarrer Simon
Michael M. Schönberg: Von oben herab. Predigten
Michael M. Schönberg: WortWandel. Predigten
Friedrich Schorlemmer (Hrsg.): Mein Bibeltext.
   Fünfundvierzig Beiträge prominenter Zeitgenossen
Bernard Schultze / Markus Haupt: Ölmalerei / Gedichte
Wolfgang Schweitzer: Dunkle Schatten - helles Licht.
   Rückblick auf ein schwieriges Jahrhundert
Brigitta von Seebach: Das Leben ein Riß. Gedichte
Brigitta von Seebach: Im stillen Strom des goldenen
   Schweigens. Gedichte und Haiku 1981 - 1999
Uwe Steffen: Den Urbildern auf der Spur. Erlebtes und
   Bedachtes
Klaus von Stieglitz: Einladung zur Freiheit.
   Gespräch mit der Anthroposophie
Jörg Stöhrer: Dunkle Räume - helle Räume. Gedichte
Brigitta Ina von Streit: Myrtenkranz und Blechkreuz
Holger Tiedemann: Die Erfahrung des Fleisches.
   Paulus und die Last der Lust
Iwan S. Turgenjew: Mumu. Erzählung
Heinrich Vogel: Gesammelte Werke in zwölf Bänden
Gerhard Weimer: Bis bald in Bethlehem. Roman
Gerhard Weimer: Das Osterwasser. Roman
Gerhard Weimer: Ich bin, der ich bin.
   Mose und der verborgene Gott. Roman
Hanna Wolff: Der universale Jesus
Hanna Wolff: Jesus als Psychotherapeut
Hanna Wolff: Jesus der Mann
Hanna Wolff: Neuer Wein - Alte Schläuche

Zeitgenössische Bildende Kunst

Karl Bohrmann: Briefe nach Wien.
   Hundert Zeichnungen. Zwei Bände
Karl Bohrmann: Mit rotem Mantel. Aktzeichnungen
Karl Bohrmann: Radierungen. 100 Arbeiten 1948 - 1998

Karl Bohrmann: Stilleben. Hommage à Morandi
Jürgen Brodwolf: Anastomosen
Jürgen Brodwolf: Iceland
Jürgen Brodwolf: Figur. Hundert Arbeiten auf Papier
Jürgen Brodwolf: Stätten und Stationen
Jürgen Brodwolf: Theresienstadt - Wunde
Jürgen Brodwolf / Peter Härtling: Sternbilder
   Arbeiten auf Papier / Gedichte
Wolfgang Erk: Autoren zu Gast - zu Gast bei Autoren.
   Journal eines Verlegers 1978 - 1998
   Mit 20 Zeichnungen von Karl Bohrmann
Peter Härtling: Vor Bildern. Für Maler. Porträts in Worten
Friedemann Hahn: Bilder über Bilder
Pierangelo Maset: Ästhetische Bildung der Differenz
   Kunst und Pädagogik im technischen Zeitalter
Thomas Müller: Zeichnungen 1994 - 1996
Thomas Müller: Disparates. 23 Zeichnungen
Thomas Müller: 30 Zeichnungen.
   Mit einem Text von Stefan Gronert
DAS PLATEAU. Die Zeitschrift im Radius-Verlag
   Erster bis elfter Jahrgang, No. 1 bis No. 62
RADIUS-Almanach 1978/79 bis 2000/2001. 23 Ausgaben
Hildegard und Fritz Ruoff: Blicke und Bilder. Zwei Bände
Bernard Schultze / Markus Haupt: Ölmalerei / Gedichte
K. R. H. Sonderborg: Phänotypen. 55 Tuschzeichnungen
Jörg Stöhrer: Dunkle Räume - helle Räume. Gedichte.
   Mit Tuschzeichnungen von Walter Stöhrer
Walter Stöhrer: Unter dem Feigenbaum.
   Hommage à Ramon Llull. Gouachen und Texte
Jan Wawrzyniak / Richard Exner: Zeichnungen / Gedichte
Jan Wawrzyniak / Wieland Schmied: AIR. 30 Zeichnungen.
   Im wortfreien Raum. Für Jan Wawrzyniak

Prospekte und Informationen beim

Radius-Verlag   Olgastraße 114   D - 70180 Stuttgart
Telefon 0049 . 0 . 711 . 607 66 66   Telefax 607 55 55